价值营销

Value Marketing

黄豆豆◎著

中国科学技术出版社
·北 京·

图书在版编目（CIP）数据

价值营销 / 黄豆豆著 . — 北京：中国科学技术出版社，2024.4（2024.7重印）
ISBN 978-7-5236-0565-3

Ⅰ.①价… Ⅱ.①黄… Ⅲ.①市场营销学 Ⅳ.① F713.50

中国国家版本馆 CIP 数据核字（2024）第 056160 号

策划编辑	赵　嵘　李　卫	责任编辑	孙倩倩
封面设计	仙境设计	版式设计	蚂蚁设计
责任校对	邓雪梅	责任印制	李晓霖

出　　版	中国科学技术出版社
发　　行	中国科学技术出版社有限公司
地　　址	北京市海淀区中关村南大街 16 号
邮　　编	100081
发行电话	010-62173865
传　　真	010-62173081
网　　址	http://www.cspbooks.com.cn

开　　本	880mm×1230mm　1/32
字　　数	112 千字
印　　张	7
版　　次	2024 年 4 月第 1 版
印　　次	2024 年 7 月第 2 次印刷
印　　刷	大厂回族自治县彩虹印刷有限公司
书　　号	ISBN 978-7-5236-0565-3 / F·1226
定　　价	69.00 元

（凡购买本社图书，如有缺页、倒页、脱页者，本社销售中心负责调换）

推荐语

以下按姓氏拼音第一个字母顺序

作为一名为企业 CMO、创始人、高级品牌营销人员量身定制的营销人社群创建者,我认为《价值营销》在讲好品牌故事、整合营销传播等方面提供了依据。本书将成为你不可或缺的良师益友。

——CMO Club 创始人 & CEO　班丽婵

很多人认为,成功的营销就是把产品卖出去,但是事实上卖出去并非最难的事情,如何持续卖出去才是关键。在《价值营销》这本书中,黄豆豆老师更深入地分析了营销理念,特别是"挖掘产品的价值,持续影响客户,把价值累积成品牌"等相关内容让我印象深刻,推荐读者细细品读。

——三节课联合创始人、畅销书《做课》作者　布棉

本书以生动的实战案例为主线,从数据支撑到行动要点,为读者呈现了丰富的实用信息。无论你是想提升网店店主的在线营销技能,还是希望为实体店注入新活力,本

价值营销
Value Marketing

书都是你不可或缺的指南。让盲目尝试成为历史,从现在开始,用科学方法实现"破圈"!

——骏丰 CMO、士力清护眼创始人　陈特军

我认为"价值营销"是任何品牌方和企业都应该学习和实践的重要课题。对于我们的品牌——森林海洋来说,持续的价值营销才能带来真正有效且长足的增长。作为一个新锐品牌创始人,读黄豆豆老师的《价值营销》让我眼前一亮!本书用大量生动的案例、"傻瓜式"的公式和详尽的数据,助我快速掌握了价值营销的秘诀,并应用在自己的工作当中。这些经验和实用的方法无疑是非常宝贵的。相信我们都能成为价值营销的高手,本书将引领我们的业务走上巅峰!

——森林海洋品牌创始人　大狮

营销是一门技术活,更应该算是一种工具。只有营销的话,在整体的商业行为中一定是不全面的,但没有肯定也是不行的。它更像是武林高手的独门秘籍。黄豆豆老师的新书不光给读者提供了秘籍,还提供了发挥"秘笈"能量的基础,既接地气又具实操性,让营销不再神秘。

——乾隆书房、颐啡咖啡品牌主理人　大王

推荐语

我高度赞同"价值营销"的理念,除了做到为客户创造价值这一基本前提,营销还必须能为企业自身带来价值、创造收益。数字经济时代,从"流量"到"留量"再到"鎏量",是流量在价值营销逻辑下的必然路径,含金量或者说价值转化力是评价流量的关键指标。黄豆豆老师基于扎实的营销理论功底以及丰富的营销实战经验,从品牌、内容、关系等多个维度解构价值营销,令人耳目一新。我深受启发,这不仅是初创企业的营销指导手册,也是营销从业者的一本好读物。

——B2B 营销专家 黄海钧

本书将帮助实体店既提升线上营销能力,又注入新的活力。黄豆豆老师的讲解以实战案例为主,从数据支持到关键动作,为读者提供了丰富的干货。它是你的必备指南。让干瞪眼成为过去,从现在开始用干法获取成功!

——一坐一忘餐厅创始人 李刚

作为一家文化教育公司的创始人,我深知品牌的力量。品牌不仅是产品的代名词,更是企业与消费者之间信任的桥梁。通过阅读《价值营销》,我深刻理解品牌的价值不

价值营销
Value Marketing

仅体现在产品的功能上,更在于它能否触动消费者的情感,满足他们深层次的需求。

——畅销书作家　李尚龙

本书拆解了项目中的"线上流量+线下体验"营销案例,为实体店在内的小型企业提供了一系列有趣的营销方法。策展思维将帮助实体店更符合当下的市场需求,特别是小店铺。本书将为你提供灵感和实用建议,让你在商业中营销效果更上一层楼!

——Silence无声创始人、品牌专家、策展人　廖尚勇

"大道理都懂,小事情难办",黄豆豆老师从"小(店铺)"和"新(初创)"入手,分享了一手的营销案例,总结了一线营销的"最佳实践",亲身实践了"价值"二字。这本《价值营销》既有实战内容,又有理论总结,值得一看。

——禾描实木定制主理人　李志强

本书中提到"现在企业需要具备两种产出能力,一个是生产产品的能力,一个是生产内容的能力"。作为多年的传统工厂经营者,我深表认同。我想这也是黄豆豆老师写

推荐语

《价值营销》的初心,即真正帮助企业用营销策略打通整个商业闭环。让营销从经营出发,实现销量倍增。

——西安市直播电商协会副会长 墨梅厂长

生存和增长,是商业穿越不同周期都要面临的基本议题。而商业的基本盘,是众多中小商家和企业。它们的创新和活力,决定了整个社会经济和商业的基本面。本书以小店铺和初创企业的经营者为目标读者,提供了一套全面的从0到1的经营框架:从抓准定位到持续复购,多个方面全面解析如何获得流量并将其转化为"留量"。如果你的生意增长不想错过"长期红利",实现一时红到一直红,那么这是一本充满干货的实用手册,为你提供持续增长的灵感和方法。

——《哈佛商业评论》中文版新媒体主编、新增长学院发起人 麻震敏

我们都相信新农人有未来,并且需要匠心精神做产品。除此以外,营销也非常重要。作者黄豆豆作为营销领域的权威人士,将帮助你成为一位精通线上营销的高手,引领你的业务走向成功!

——农友会创始人 勤劳农哥

价值营销
Value Marketing

　　本书将价值营销的理论与实战案例相结合，干货满满。从定位和价值的抓取，到内容、设计、传播，本书能帮助读者将流量转化为"留量"，真正获得客户价值。无论你是想提升小店铺的线上营销能力，还是希望为实体店铺注入新的活力，本书都可以成为你的实用秘籍。

——热浪创新集团合伙人兼 CEO　邱潇潇

　　做生意、获客，流量很重要，但在今天这个存量竞争的时代，把客户变成长期复购的"留量"更重要。黄豆豆老师的新书通过翔实的案例解析、数据分析，以及营销复盘多个角度让企业操盘手看懂高手玩法，是一本让初创企业不踩坑、少走弯路的实战指南。

——秋叶品牌，秋叶 PPT 创始人　秋叶

　　《价值营销》是一本为小店铺和初创企业量身定制的营销宝典，作者黄豆豆用丰富的实战经验，揭开了线上营销的神秘面纱。从定位精准到持续复购，每一步都精心布局，旨在帮助读者在激烈的市场竞争中脱颖而出。无论你是营销新手还是寻求创新的老手，本书的案例分析和实操策略都将为你开启营销新视野，助力你的业务

推荐语

实现飞跃。

——畅销书《红利思维》作者、红利学社发起人
尤增荣（大尤）

《价值营销》不仅详尽地探讨了如何精准定位品牌的价值要素，更提出了富有洞察力的五力模型，为企业构建了一套完善的品牌营销体系。对于寻求突破与创新的个体创业者及营销人员而言，这是一本不可或缺的参考书籍。我强烈推荐《价值营销》，它将成为你营销策略中的重要指南。

——小红书头部教育博主、IP商业顾问 厦九九

肆拾玖坊聚焦用户场景，致力于打造更有价值的用户体验。我们也在不断寻找新场景，打造新型的体验场、社交场和平台。当流量红利时代结束，《价值营销》一书所提倡的从流量到留量理念，也是我们达成"以客户为中心"，确保获取流量更有效果、更有价值的方式。

——肆拾玖坊创始人 张传宗

作为ffit8的创始人，我见证了营销策略从追求流量转变到培养忠实客户的力量。本书精准捕捉了这一转变的精

价值营销
Value Marketing

髓,提供了实用的策略与方法,帮助品牌深化与消费者的联系,通过理解消费者需求驱动增长,为面临用户留存挑战的营销人员揭示了价值创造的路径,是每位寻求持续成功的营销专业人士的宝贵资源。

——ffit8 创始人　张光明

营销对于商业来讲是个永恒的话题。本书用大量实战案例,结合数据以及经典理论,为读者提供了丰富的干货。无论是想为实体店注入新的活力,还是提升线上业务的营销能力,本书提炼的内容都能给你带来启发。

——知名培训师、百万粉丝知识博主、畅销书《有趣》作者　朱老丝

新时代的品牌如何打造?黄豆豆老师的《价值营销》为我们提供了新的思路:通过打造新价值、融入新媒体、构筑新型的"品牌-用户"关系,以及品牌不断焕新,即"没事找事"地融合当下热点获得关注。这些创新点将帮助品牌从线上脱颖而出,实现获得"流量"到"留存"用户的完整闭环,让品牌营销快速获得价值!

——云耕物作高端红糖创始人　钟晓雨

前言

作为一名在品牌营销领域奋斗十多年的实战者，我深知在产品过剩、流量越来越贵的市场环境下，将线上流量转化为实际的"留量"是一项极具挑战性的任务。因此，我希望通过本书与你分享我多年来积累的经验和心得，希望能够帮助更多的品牌方了解新营销，做出品类优秀的案例，也希望助力更多实体店创业者成为优秀的营销者。

这些年，我去过近100个乡村，打卡过3000多家店铺，服务过大型连锁品牌，也服务过夜市市集和乡野小店。在这本书中，我更多地分享了小店铺和初创企业的实战案例，因为我深信在这"烟火气"中每个人都有机会在市场中脱颖而出。

与"大厂"的经验分享相比，本书将网红思维梳理为可针对"小店铺"或者初创企业的营销实战手册。无论是什么规模的企业，都能从中获益。我希望通过本书为你提供可操作的方法和策略。

我相信，通过这些案例的学习，你将能够完成抓准定

价值营销
Value Marketing

位、设计产品、制造话题、拥有策展思维、获得成长以及抓住能够获得持续复购的线上阵地等关键动作。这些实战案例将为你提供灵感和实践经验，帮助你在实际操作过程中取得更好的营销效果。

　　本书不仅仅是一本理论性的指南，更是一本能够帮助你实际行动起来的实战手册。我会为你提供丰富的干货。我相信，只有在实际操作的过程中不断摸索和实践，才能真正成为一名营销高手。

　　我衷心希望通过本书能为你提供有价值的指导和启发，助你在线上市场中取得突破。希望本书能够成为你在线上营销道路上的良师益友，引领你走向成功！

黄豆豆

目录
CONTENTS

CHAPTER 1 — 001
第一章 挖掘品牌价值

第一节　找到品牌的价值要素　003

第二节　挖掘客户的终身价值　010

第三节　品牌营销的五力模型　022

CHAPTER 2 — 035
第二章 品牌该如何取得内容流量的制高点

第一节　内容营销　037

第二节　从0到1"种草"营销（小红书实战篇）　050

第三节　品牌联名　058

CHAPTER 3 — 081
第三章 关系价值

第一节　以客户为中心　083

第二节　顾问式服务：做客户身边的专家　090
第三节　关系价值：要与客户谈"恋爱"　098
第四节　"恋爱"有风险更有价值　103

CHAPTER 4 ──────────────── 111
第四章　策展思维——视觉就是流量

第一节　拥抱策展思维　113
第二节　用展览来设计体验　132

CHAPTER 5 ──────────────── 143
第五章　探索用户兴趣，创造优质内容

第一节　用户的真实发声至关重要　147
第二节　在趋势中看需求：依靠品牌发展　162

CHAPTER 6 ──────────────── 171
第六章　借势营销——"没事找事"才会有故事

第一节　借势无边界　173
第二节　借品牌内容之势　192

第一章
CHAPTER 1
挖掘品牌价值

第一章 挖掘品牌价值

SECTION 1

第一节
找到品牌的价值要素

在评估产品或服务时,消费者会将其感知到的价值与定价进行比较。评估结果往往取决于消费者的感受。

企业需要不断提升产品价值,并且评估产品还有哪些方面会让消费者觉得有价值。企业需要思考的是:消费者真正在乎的是什么?是职能类价值,还是情感类价值?企业怎样才能传递更多的价值?

建立消费者价值模型,将有助于企业策划出产品或服务传递价值的新的组合方式。正确的组合方式有助于提高客户忠诚度，提升消费者尝试某特定品牌的意愿，并使企业维持收入的增长。

我们要找出消费者关注的价值要素。我将其归为四类：职能类、情感类、改变生活类和社会影响类。有的要素针对消费者本身，主要解决个人需求问题。例如改变生活类的产品——健身追踪器，让消费者更有动力是此类产品的核心。其他要素指向外部合作，帮助消费者与外部世界互动或应对外部挑战。

再如使用改变生活类产品所能达到的效果——实现自我。举个例子，一位莱卡照相机的购买者在谈起该相机的质量和使用体验时，露出了兴奋的表情。此外，多位著名摄影师都曾因为使用过这个品牌的相机而感到自豪。

价值要素金字塔是一个启发式模型（图1-1）。要实现位于顶层的价值，企业的产品或服务必须提供多个价值要素。

关于价值要素，我们可以得出以下结论：

第一章 挖掘品牌价值

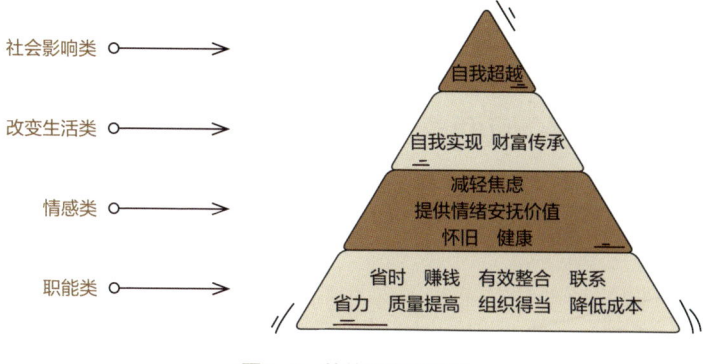

```
社会影响类 → 自我超越
改变生活类 → 自我实现 财富传承
情感类 → 减轻焦虑 提供情绪安抚价值 怀旧 健康
职能类 → 省时 赚钱 有效整合 联系 省力 质量提高 组织得当 降低成本
```

图1-1 价值要素金字塔

（1）企业产品或服务中包含越多的价值要素，拥有忠诚的客户数量越多。

（2）在产品或服务中融入多个价值要素的企业，其收入增长速度往往快于其他企业。

（3）产品或服务中融入的价值要素数量与企业发展速度相关。

作为一名营销顾问，我拥有十多年为企业客户做消费者调查的经验。在消费者调查的过程中，需要进行大量定量与定性的客户研究，挖掘客户尽可能多的价值特征，并且通过多次客户访谈了解能获得其好感的因素。

更重要的价值要素

某些价值要素确实比其他价值要素更加重要,并且不同行业的重要价值要素并不相同。如图 1-2 所示,质量是对消费者利益产生最大影响的价值要素,产品和服务必须确保质量达标。依靠其他价值要素取得的成绩都无法弥补质量上的不足。

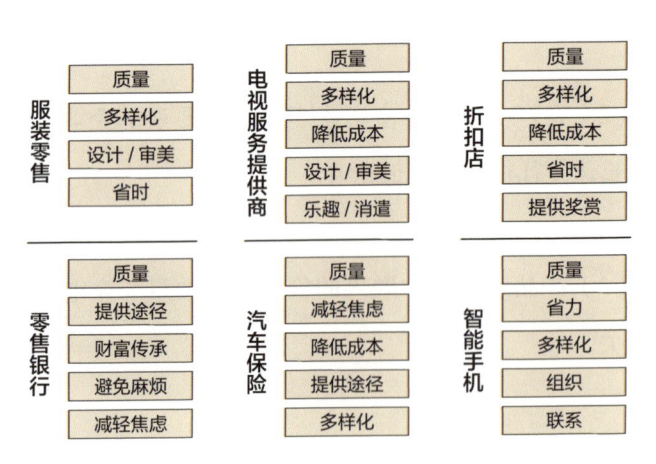

服装零售	电视服务提供商	折扣店
质量	质量	质量
多样化	多样化	多样化
设计/审美	降低成本	降低成本
省时	设计/审美	省时
	乐趣/消遣	提供奖赏

零售银行	汽车保险	智能手机
质量	质量	质量
提供途径	减轻焦虑	省力
财富传承	降低成本	多样化
避免麻烦	提供途径	组织
减轻焦虑	多样化	联系

图 1-2　不同行业影响客户忠诚度的重要价值要素

应用价值要素

很多公司在实践过程中找到了传递价值的方法，但随着公司的发展，制定策略会越来越难。大多数大型组织的领导者和客户相处的时间较少，并且创新速度也偏慢。梳理价值要素能帮助这类公司发现新的价值。

有些公司为了提供更多的价值要素对产品设计进行了改进。比如，投资公司给某项核心投资服务创建了一个低费用、半自动化的咨询平台，目的是让客户得到更充足的信息，并在投资过程中降低风险。有的公司利用价值要素了解客户眼中自己的强项和弱项。

提升价值的三大关键点

如果公司领导者将价值要素视为增长机会，并将提高价值作为工作重点，那么价值要素就能发挥最大的作用。公司需要确保价值要素至少和成本管理、定价和客户忠诚度等要素的重要程度一致。公司可以围绕以下几个关键方面提升价值。

价值营销
Value Marketing

（1）**开发新品**：开发新产品并挖掘现有产品的新价值，设计新创意。

（2）**提升满意度**：让客户因购买新产品而获益。

（3）**提高定价**：定价是需求管理中非常重要的杠杆之一，在需求不变的情况下，提高定价能够直接增加利润。然而，定价上涨也会影响消费者对于购买行为的价值评估，因此，任何和提高定价有关的讨论都必须将价值要素考虑进去。

> 若公司领导者**将价值要素视为增长机会**，并将提高价值作为工作重点，那么价值要素就能发挥最大的作用。

SECTION 2 ◀

第二节
挖掘客户的终身价值

从流量到留量，能带来真正客户价值的是存量。

管理学大师彼得·德鲁克（Peter Drucker）有句名言：**"企业的真正目的是创造和留住客户。"** 对企业来说，真正的价值是传递给客户的价值。在商业竞争中，因为营收目标的压力，很多企业都将快速赚取利润放在首位，但这一做法牺牲了产品或服务的质量，甚至伤害了客户的利益，会给品牌价值带来不良影响。

以客户为中心也被称为"忠诚度经济"，这点在很多

第一章 挖掘品牌价值

商业杂志和商业论坛中被多次提到。难道企业在经营过程中不应该把创造价值放在首位,而应该把客户价值放在首位吗?

贝恩公司合伙人兼董事,贝恩全球客户战略和营销实务的创始人罗伯·马奇(Rob Markey)在《终极问题2.0:网络推广公司如何在客户驱动的世界中蓬勃发展》(*The Ultimate Question 2.0 : How Net Promoter Companies Thrive in a Customer-Driven World*)一书中,围绕"客户的忠诚度"指出:现在的客观环境已经为将客户放在公司工作首位创造了环境,因为新的会计工具和技术出现了。公司组织工作的方式发生了根本转变。也许最重要的是,至少有一些企业认识到,客户是公司价值的最终来源。

在现在的商业环境下,更重要的是留住客户。留下的客户才是真客户,这样的客户有助于企业实现持续增长。如果搭建快速赢利模式是短期主义,那么企业认识到客户价值的重要性,为客户忠诚度而投资,就是长期主义。在获客难的商业环境下,凸显客户价值对企业来说很重要。

价值营销
Value Marketing

客户中心化

20世纪，很多公司都是通过制定产品中心化策略实现了赢利目标。这种模式的组织自上而下都是围绕产品需求建立的。这种商业策略为一些公司带来了巨大的市场份额，创造了可观的利润。

碓井稔曾担任爱普生公司首席执行官，他在2016年的一次采访中提到，爱普生公司就是遵循着"产品中心化"模式——创造一款产品，营销一款产品，销售一款产品，实现了增长和赢利。

碓井稔坦言："我感觉过去我们一直在关注竞争对手，比如惠普公司和佳能公司。为了不输给他们，我们力求在技术性能上做到极致，并没有特别去分析客户的诉求是什么。我们一直采用的以产品为中心的模式虽然还未到崩塌的地步，但它的基石已经出现裂痕。公司的业务基本是在消费类领域，这个领域当时的状况很严峻，而且客户拥有的权力比以往任何时候都要大。"由此可见，分析用户需求，找到公司存在的优势，是目前企业制定策略的重要依据之一。

每家公司都有一个首要目标,那就是赢利,并且在尽可能长的时间里多赢利。商业市场的游戏规则也会随着商业环境的变迁而发生改变。很多公司的经营理念已然过时,并且依然延续着产品中心化的模式。这些公司需要重新制定策略和核心经营理念。

营销的要素理论也从"4P"理论逐步转向"4C"理论(图1-3),"4P"理论以企业为中心,而"4C"理论以消费者为中心。"4C"理论从买方的角度出发,强调每一个营销工具都是用来为客户提供利益的。"4C"理论从企业经营者的研究全面转向对消费者的关注,实现了"由内而外"到

"4P"理论	"4C"理论
产品 Product	消费者 Customer
价格 Price	成本 Cost
渠道 Place	便利 Convenience
促销 Promotion	沟通 Communication

图1-3 "4P"理论和"4C"理论

"由外而内"的历史性转变，将广告、公关、销售、消费者购买行为乃至员工沟通等曾被认为相互独立的因素看成一个整体，使营销传播的效果最大化。

公司不再一味地生产或销售那些自认为客户需要的产品，而是生产或销售那些满足客户需要，甚至超出客户期待的产品。这就要求公司在有价值的客户身上下功夫。公司只有找到有价值的客户，从客户身上挖掘信息，弄清楚如何通过相同的"标签"找到属性相同的新客户，并分析他们现在和未来需要的产品，才能获得品牌核心竞争力。

追踪客户并搭建客户需求数据库

关于客户群，我建议基于现有客户和潜在客户分别创建目录，这也是我在咨询中常解答的问题。现有客户的信息容易获取，但应该如何针对潜在客户做调研，并且需要收集哪些信息呢？有的人不愿意透露自己的联系方式，有的人第一次走进店里，并不购买东西，只是简单地询问了一下。他想要买什么？我们应该详细记录下客户需求，设计出客户需求模板，并搭建客户需求数据库。

产品是卖给所有人,还是卖给某一类人

企业要明确产品卖给谁,需要较为精准的用户画像（图 1-4）,并且需要一套正规的方法。将消费者按人口统计特征或行为进行分类,有助于我们分析每组消费者想获得的价值,然后开发出能够满足消费者需求的产品或服务。一旦有机会提高价值,公司就要着手对现有客户和潜在客户展开调查,了解公司在已传递或未传递的要素上的价值体现。针对产品和品牌的研究都要开展,因为它们会产生不同的结果。

用户画像

信息数据	行为数据
身高	购物
星座	信用
性别	搜索
受教育程度	运动
住址	投资
子女	喜好

图 1-4 用户画像示例

价值营销
Value Marketing

案例:"多管闲事"的装修公司

我之前有一个客户,专门销售店铺墙面材料。每个星期都有百余人到店看材料并洽谈业务,他们会详细记录客户的联系方式、感兴趣的材料和店铺风格。如果当时没有立刻确定材料,他们随后就会有针对性地寄出关于装饰材料的资料。他们在资料中结合实际场景提供了关于装饰店面的意见。当潜在客户收到资料后,他们会继续跟踪回访、评估并提出建议。最后,40%的到访者都成了他们的客户,他们每年的销售额近2000万元。如果他们没有主动寄资料,那会损失几成客户呢?

思考 如果你是装修公司的老板,你会如何对待首次来访的客户?

计算客户的终身价值

如果要评估公司现有的资产价值，你会盘点哪些资产？企业的厂房、原材料、产品，大概率会体现在资产负债表上，除此之外，你的客户、员工、供应商，以及你用来发展业务的渠道，这些都是资产，他们都能转变为真实的价值。

你是否知道你的公司有哪些客户？去年这些客户有没有再次购买你的产品或服务？你的客户群是不是完全改变了？此处强调关注客户，实际上指的是关注客户价值（图1-5）。增加客户价值的方式包括：获得更多客户、从现有客户处争取更多业务、更长时间地留住客户、不断让客户体验更优质的产品或服务，等等。很多平台特别是电商平台都提出以客户为中心的理念，它们很早就明白了将客户价值视为一种资产的重要性。

客户价值可以驱动利润增长，这一点已经得到证实，因此，任何忽视客户价值的领导者都是不负责任的领导者。公司应该提升客户价值、支持必要的投资，并推动能够披露投资回报的新会计准则的实施。所有利益相关者都会受

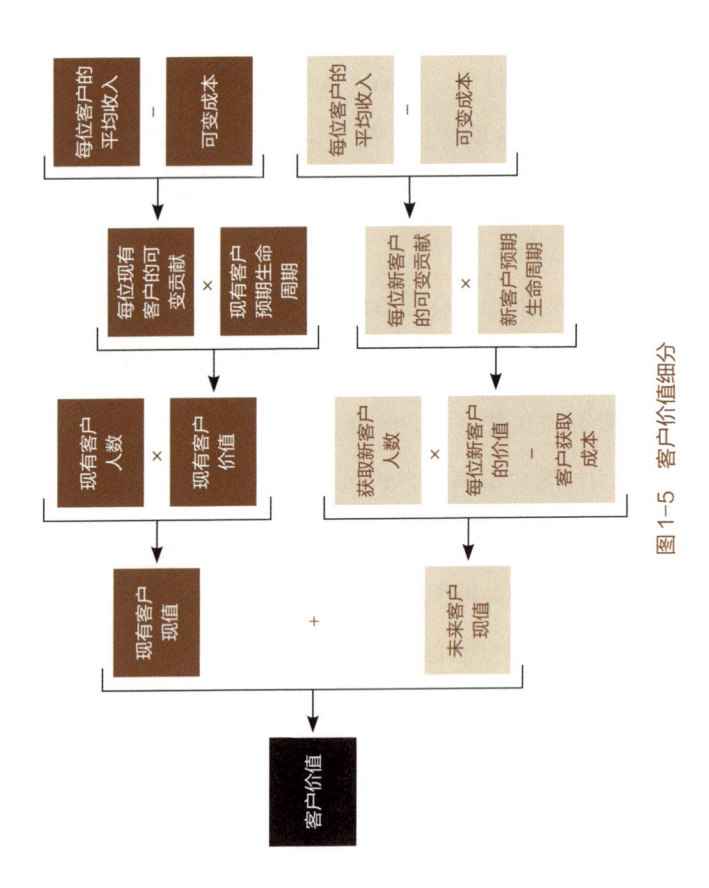

价值营销
Value Marketing

图1-5 客户价值细分

益：客户将体验到令自身生活更方便、丰富和有趣的产品或服务；公司员工会因客户的生活品质升级而获益；管理层和投资者会看到利润和股东价值增长；社会将受益于创新和投资带来的经济增长。有了透明且可靠的信息，投资者和管理团队能够避免短期主义的陷阱，将经营目标定为追求可持续价值。

如何计算客户的终身价值？客户的终身价值等于一个客户终身消费某种产品或服务所产生的总收益，减去所用的广告、营销活动的费用后所剩的费用。例如，一个客户在首次消费中创造了100元的收益，他后来每年消费三次，每次消费产生平均收益为100元。如果他的平均消费时间为两年，这位客户在这家企业消费了10年，企业做广告的费用人均为50元，那么该客户对于企业的贡献的终身价值是100×30-50=2950元，用一个公式来表达就是：

未来客户现值 + 现有客户现值 = 客户价值

现有客户人数 × 现有客户价值 = 现有客户现值

获取新客户人数 ×（每位新客户的价值−客户获取成本）= 未来客户现值

价值营销
Value Marketing

要获得持续增长，需要与现有客户和潜在客户不断产生联系，并且有高质量的输出和陪伴。让客户跟进过程更加有价值的几个步骤为：

（1）确定持续跟进的客户和客户群。

（2）着重关注现有客户。

（3）通过分析客户行为获得更多机会。

（4）不忘记回访老客户。

对企业而言，客户是最重要的资产。追踪现有客户和潜在客户要像追逐现金流一样。之所以要投入精力，是因为现金流是客户创造的。尤其是老客户，企业也要定期做回访，了解他们对现阶段产品的使用满意度，并且对改善意见做详细记录，从而使非活跃用户的价值提升数倍。

> 从流量到留量,能带来真正的客户价值的是**存量**。

SECTION 3 ◀

第三节
品牌营销的五力模型

"创新"与"优化"都是人们在商业领域经常讨论的热词。当下,我们应该找新的增长点,还是优化原有业务模块?

数字时代的到来推动了传统品牌"搬到"线上经营,而基于互联网技术发展起来的新品牌往往会学习传统品牌,模仿传统品牌的市场营销方法。

2023 年 8 月 18 日,传统品牌、零售巨头星巴克公司在深圳创立了星巴克中国创新科技中心。这似乎达成了一种共识——只有线上线下不断融合,才能建立新营销体系。

目前营销业界存在着两个派别:创意派和效果派。广告人热衷"创意营销",技术派提倡"效果营销"。然而,真正成功的市场营销活动必须依靠情感和数字效果双向融合、推动,这也是"以人为本"的营销本质。

伯明翰大学品牌营销中心主任莱斯利·德·彻纳东尼(Leslie De Chernatony)总结过:"如果一个品牌仅输入观点或输出观点,缺乏演化的逻辑,那么企业将得到一个不平衡的品牌战略。"根据品牌理论以及多样性的特质,我们将观察视角分为三类——输入视角、输出视角以及时间视角。输入视角强调企业通过资源(比如品牌的标识、定位、个性和附加价值等)影响客户;输出视角立足于消费者对品牌产生的感受,比如品牌印象、关系等;时间视角则是从品牌演进的维度切入,看到品牌形成与演化的过程。这也说明,不同的品牌方法论需要在新时代融会贯通。

数字时代的融合是感性与理性的结合,菲利普·科特勒(Philip Kotler)在《营销革命5.0:以人为本的技术》

(*Marketing 5.0: Technology for Humanity*）一书中提道："应用更智慧的营销科技提升整个消费者旅程的价值创造。"基于多年营销的实战经验，我得出结论：企业价值和社会价值的重叠部分就是企业的市场价值。如何尽可能扩大"重叠部分"的面积？我总结出了五个维度（图1-6）：品牌力、服务力、产品力、数据力、传播力。这五个方面共同构成了品牌的长期价值。

| 品牌力 | 服务力 | 产品力 | 数据力 | 传播力 |

图1-6　五力模型

1. 占领心智：品牌力

品牌要占领用户心智，源于提供一个价值承诺。品牌存在的意义就是制定明确的"价值理念"。企业行为价值公式可以帮助品牌建立一套完整的客户价值创造体系，并推动企业占据领先地位。

在过去，营销理论从定位、品牌设计开始讲起；数字时代，营销将结合用户价值及企业的发展，发挥更大作用。

打造品牌力，除了设计一个易于传播的品牌故事，我们还要在故事中塑造品牌"人设"（图1-7）。社交平台更需要有品牌"人设"，从而使用户产生情绪的共鸣，占领用户的心智高地。

品牌力：品牌故事+"人设"

服务力：会员福利+"反馈"

产品力：产品矩阵+"跨界"

数据力：经营技巧+"故事"

传播力：品牌活动+"话题"

图1-7 实践五力的方式

2. 创造客户：服务力

用户价值现在已经成为品牌成长的破局点。从这一层面开始，品牌与用户共同成长、提供更多的客户价值，成为品牌成长的关键点。

需求是营销与推广的原点，决定了企业进入市场的选择。因此，企业要从需求出发，并识别此需求背后赛道的机会大小，以此进行取舍。

在数字经济时代，不仅传播媒介和渠道发生变化，整个营销领域也迎来了全新的变革。传统营销要确定市场定位、细分市场，交流主要靠品牌单方面输出，品牌需要提前将用户的需求做区分，再进行推广。这样的模式决定了传统营销更需要找到不同消费群体的特质，再推测出他们可能存在的需求。

数字化时代的需求不仅来自定位和细分市场。此时，品牌希望用户能快速经历"认识、认知到认可"这一过程，这就需要品牌以用户为中心，以结果为导向，找到具体场景中的问题，解决它的同时实现高转化。特别是餐饮业、零售业连锁门店，我建议这类客户尽可能搭建"线上营销矩阵"。本地生活服务类的商家要为用户提供更多时段和空间的触达场景。

数字时代的品类或者赛道，不再由产品、行业决定，而是从用户出发，从用户需求中挖掘出来的，不同场景下的需求决定了相应品类或者赛道的容量。

3. 尖峰体验：产品力

营销基于品牌，而品牌和产品相辅相成。品牌要占领用户的心智，需要先从心智层面去看品牌是否拥有机会，然后在此基础上去设计产品。不能离开产品维度思考如何实现品类破局。在占领用户心智之后，再将用户需求转化为产品设计，实现"用户需求—品类—产品"的闭环链路。

品牌要尽可能满足用户需求，在用户想到某个品类的时候，成为用户心中的第一联想品牌，成为某个品类的代言词。如果产品设计与用户预期不符，没有好的体验，并且没有复购和口碑，品牌就失去了市场意义。

如果餐饮业、零售业门店品牌要搭建"线上营销矩阵",就更需要获得用户的"必打卡""必吃""超值"等体验评价。

本地生活服务类客户应建立起"产品 + 体验 + 评价"的体系,并通过将消费场景与产品和服务相关联,更好地满足用户需求,努力做出品类第一的产品。

4. 数字掘金:数据力

数字化营销逃不开的话题就是数据,品牌维度和数据体系的结合,类似于感性和理性的结合。如果我们将品牌价值建立在企业自身价值的基础上,那么数据价值就不仅包括品牌价值,还包括品类价值和市场价值。品牌维度和数据体系的结合可以帮助新品牌完成从价格导向到价值引领的升维,提升品牌价值。

品牌的五力提升是从价值高度提升品牌势能,品牌在数据力方面的提升,就是决策势能的提升。企业面临品牌体系的选择与优化。比如:企业需要打造多少个品牌?新品牌与原有品牌处于何种关系?这些都是品牌体系中的数据需要回答的问题。随着企业品牌以及业务的发展，单一品牌逐渐难以满足用户需求和市场需要，在此情况下企业常常面临以下问题：

企业目前需要多少个品牌？品牌之间如何形成矩阵效应？

寻求增长是发展新品牌，还是用原有的品牌覆盖新业务？

我在品牌营销咨询过程中遇到的这些问题都是企业品牌决策中的典型问题。大部分问题的处理都需要利用数据，这里的数据一定是有价值的数据，不是简单的统计数据。对连锁品牌的一线管理人员来说，数据力非常重要。

5. 内容矩阵：传播力

在万物互联的时代，传播力是品牌触达新用户和维护老用户的桥梁。特别是本地生活服务类商家，不仅要满足用户的需求，更需要打通线上和线下，通过品牌的有效传

价值营销
Value Marketing

播，更直接地触发用户购买行为。

"内容传播＋营销闭环"的组合拳，被称为"品效结合"。这也是数字时代品牌营销面临的新挑战。如果说内容传播是为了占据消费者心智，那么营销闭环就是为了直接影响用户的决策与行为。二者的终极目的是扩大影响、促进用户决策。

对企业而言，营销费用的投入过高是企业面临的实实在在的问题，而营销传播效率低也是营销人遇到的当世难题。但事实上，流量与品牌并非对立概念。不同的平台分析数据的维度不同，企业需要从中挖掘流量和品牌的结合点，以及品牌本身的价值，进而进一步传播，形成"数字驱动"。

针对连锁门店，我强调五个维度：**价值高度、"人设"温度、场景强度、记忆深度、关系厚度**（图1-8）。通过这五个维度打造五力，在营销实战中不仅以用户为中心，更以品牌价值提升为核心，并且在营销闭环上指向用户决策，从影响用户决策行为的环节入手来谈营销闭环。

第一章 挖掘品牌价值

图 1-8　品牌的五个维度

发挥品牌价值优势

做具体的品牌价值模型分析时，先卡住价格区间，思考价格是否足够有吸引力，是否做到差异化定位，再通过五力模型分析品牌是否有传播力，最后监控品牌的整体复购率，这也是分析品牌价值优势的结果指标。

品牌（特别是消费类品牌）的价值优势，一般包括以下三点：

（1）让用户做到原来无法做到的事情；

（2）让用户获得物质或精神层面的满足；

（3）让用户产生一定的忠诚度。

品牌应该给予消费者非常充足的购买理由，帮助消费者快速做出决策。对于零售品、消费品，品牌要更关注复购率。目前的电商渠道一般基于大数据做分析，对品牌来说能够轻松推算出成本与利润。

> **企业价值和社会价值的重叠部分**就是企业的市场价值。

第二章
CHAPTER 2

品牌该如何取得内容流量的制高点

SECTION 1

第一节
内容营销

如何理解内容营销？

内容营销本质上是一种指导企业如何做好营销的思维方式，品牌能生产和利用内外部的价值内容，吸引特定受众主动关注。品牌内容本身自带吸引力，自带流量，能够吸引用户（图2-1），而不是纯粹曝光。

无论是微信、微博，还是抖音、小红书，只要你打开一个内容社交平台，就一定会看到各种品牌的营销内容。通过充分利用自身的内容，品牌可以有效地吸引消费者。传统营

Connect marketing	Mass communication
消费者来找你	你去找消费者

图 2-1　品牌与消费者的关系

销的思想是"将信息推送给消费者",品牌与消费者进行大规模地单向沟通,关注"如何找到消费者"这一问题。

随着内容营销形式的多样化,消费者对于广告的态度也从一开始的抗拒逐渐变为接纳,并乐在其中。品牌宣传由原来的重传统渠道投放,逐渐转向增加内容营销的预算。

什么是内容营销

我们首先要明确的是内容营销具体是什么。很多企业将内容营销定义为微博、公众号等账号发布的内容。实际上,内容营销不仅包括官网、社交媒体端的营销,还包括产品包装、员工、销售渠道等方面的品牌内容的输出。

在产品和渠道为王的年代，用户只能通过广播、电视或纸媒被动地接受广告信息。现在的用户接收信息的渠道逐渐多元化，品牌方要在买方市场中争夺更加精准的注意力。让消费者关注度提升并且购买产品，需要靠品牌方输出内容，以及与消费者建立更广的网络（图2-2）。

图2-2 内容营销的作用

做好内容营销

1. 成为品牌与消费者的连接器

2010年前后，我做过一场品牌活动，从策划到具体实施用了几个月的时间。我发现，品牌之间都在依靠费用博市场声量。现在，预算花在哪、怎么花才能更有效地触达消费者，成为品牌更重视的问题。

我们需要通过内容与消费者建立情感连接。内容营销存在的最大意义就是改变品牌方教育用户的方式和成本预算形式。品牌方能够采取输出内容的方式，培养品牌的潜在用户，让"志同道合"的用户发现自己、喜欢自己，形成新的销售增长。

2. 可持续的价值输出

好的内容营销串联着公域与私域，我合作过的品牌方中内容做得好的，大都具备可持续输出内容的能力。在用户自发传播的内容营销案例中，内容都具备价值特征。

这几年的内容营销成功案例中不乏中国风品牌的身影。如何用内容"唤醒"年轻用户？品牌方通过内容给予产品附加价值，并且通过内容创造场景化共鸣，从而形成持续性传播（图2-3）。

> 通过内容给予产品附加价值
> 通过内容创造场景化共鸣

图 2-3　内容营销的路径和方向

案例：带有中国风的元古

元古最开始是一家起于北京胡同的中式甜品店，喜欢胡同的我在该品牌创立之初就很喜欢这个以"春夏秋冬"为题来设计甜品的品牌。从四季拓展到以二十四节气为主题打造中式下午茶，元古凸显了"温暖、简单、自然"的特质，体现了从自然中寻得灵感又返归自然（图 2-4）。

元古最具标志性的是**"二十四节气"系列甜品**。作为中国古代"食"的智慧、"不时不食"的当代再现，其食材讲究应时，外形取意境于自然。元古的每款甜品都以节气命名，并将当季食材加上内容创意，这正是文化传承的象征。极具中式特色的产品

价值营销
Value Marketing

让元古在众多品牌中脱颖而出。

（a）春夏秋冬系列甜品

（b）秋颂系列甜品

（c）元古甜品展示

（d）元古甜品展示

（e）夏至云纱系列甜品　　　　（f）小满姜花系列甜品

图 2-4　以四季和二十四节气为题的产品设计

此外，元古的酒馆将中式设计理念与全新的鸡尾酒调制工艺相结合，创作了一套独属于自身品牌的"醉""意"浓浓的表达方式。元古的酒以诗词之韵为灵感，一句诗词就是一杯酒（图 2-5）。作为"饮与食"载体的元古空间有沧桑凌厉的木与石，也有宛如轻风的水与雾。在各种含蓄而深邃的表达之下，元古一开店就被评为"网红店"和"打卡地"。

取意于苏轼《南歌子》的"日薄花房绽,风和麦浪轻"。

图 2-5　小锅米酒

　　产品开发赋予了产品内容属性,在空间中融入了美学设计。元古不仅在"一店一设计"中将传统内容与现代审美做了有机融合,也让古诗词立体地呈现在当下的日常里,更让下午茶场景有了诗情画意。

> 元古的自媒体账号如同内容"模板",二十四节气的内容产出,有种道不尽的中式美学。我作为读者刚看完一期介绍,就已经开始期待下一期。好的内容是可持续的,是提供价值的,是会让人产生分享欲的。相信你感受过一次元古下午茶之后,也会情不自禁地发个朋友圈。

看完元古的案例,我们做个简单的总结。要做好内容营销需要注意以下三点。

1. 让内容和用户产生关系

内容和用户的关系像是一个层级结构,最底层的内容信息一定是对客户最有用的、最有价值的。我们需要思考如何通过内容去吸引我们的用户,如何帮助用户更好地改变自己,甚至号召用户一起来共创和传播。

2. 围绕"人设"准备合适的素材

什么样的内容能够成为合适的内容呢？我们可以关注以下三点。

● 社交人格化

此类内容以互动为主。品牌要像人一样创造内容，这就是所谓的品牌人格化，我们需要用故事来打造内容。

● 用故事来打造内容

讲"好故事"与"讲好"故事一样重要，因为它能引发消费者一连串的感情投入，甚至补充与创建部分故事内容。

● 生活方式类的输出

很多产品的介绍相对严肃和刻板，比如：讲养生类产品的博主往往穿着白大褂，讲金融的博主往往身穿职业套装。我们需要思考如何用更有意思的方式让用户喜欢我们的内容，甚至设计出用户日常爱看的"段子"。品牌也可以用更加亲切的方式传递价值。

3. 与用户共建

创建更多和用户沟通的机会，设计粉丝见面会、线上话题、体验官招募发布等参与性较强的活动，吸引用户参与，增加用户黏性，加强用户对品牌的依赖度，赢得用户口碑及支持。

品牌与用户共同成长

生活化的内容越来越受到用户的欢迎，场景式的消费也会更加触达人心，不仅是抖音平台让用户看到了内容营销趋向真实化，很多其他平台也出现如 Vlog[①] 等更为真实的内容表达方式，其独特的社区文化为品牌带来一股忠实流量。

[①] Vlog 是博客的一种类型，全称是 Video blog 或 Video log，意思是视频记录，视频博客、视频网络日志，源于 blog 的变体，强调时效性，Vlog 作者以影像代替文字或相片，写个人网志，上传与网友分享。——编者注

因为真实，所以用户会觉得与品牌方的关系越来越近，"购买"成为更对等的价值交换方式，用户和品牌方不再只是简单的买卖关系。内容营销的定义得到了进一步发展，对大众来说，品牌方拥有了陪伴用户生活的功能。当下是内容营销最好的时代，因此这个时代被称作"人人都是自媒体的时代"。

> **思考**
>
> 很多老品牌想要"唤新"，首先要优化的就是其内容。现在的年轻消费者没有对产品产生共鸣的话，是不太可能购买该产品的。如果你是品牌方，你会怎样进行内容营销呢？

> 让'志同道合'的用户发现你,喜欢你,形成新的销售增长。

SECTION 2

第二节

从0到1"种草"营销(小红书实战篇)

提到内容营销,大家首先会想到在抖音、哔哩哔哩、小红书等平台开设社交账号。内容营销中很重要的组成部分有二:一个是做自媒体,另一个是"种草"。

提到"种草",肯定绕不开一个平台——小红书。小红书是利用用户分享生活中的吃喝玩乐,用"种草"分享的方式带动消费的平台。这种营销方式与传统硬性植入广告相比,所带来的转化效果更好一些。因此,越来越多的品牌方关注如何在小红书上有效"种草"。

怎样才能有效"种草"？以下为**从0到1的"种草"步骤**。

1. 分析自身现状

调查品牌在小红书上已有声量，确认品牌有没有做过营销动作。在前期的策略选择时可以更侧重利用底部和腰部的达人进行品牌内容的沉淀。有一些品牌方从未在小红书上有内容营销的动作，但可能品牌已经在小红书上被用户们自发讨论，那就说明品牌已经有了部分声量。此时就要考虑声量的实际情况是偏向正面的还是负面的，因为声量的质量直接影响到转化。进行一切营销动作之前，需要先管理好舆情，这很有必要。

2. 进行竞品分析

整体的营销目的明确后，品牌方就需要了解自己品类赛道中其他品牌的情况。要更多地了解用户在同类品牌中喜欢的产品有哪些卖点、关键词，关注的问题有哪些。品牌方也要注重差异化的定位选择，这就必须从以下两类竞争对手中寻找答案。

（1）横向产业相关者：提供相似类型的产品或服务的企业。

（2）纵向产业相关者：上下游企业。

找到竞争对手后，就要关注：竞品在投放中主打的卖点以及卖点的相关场景是怎样的？投了多少达人？投的是哪类达人？投放的内容是以什么样的形式展现的？竞品专业号运营情况怎么样？通过提出一系列问题，找到自身品牌想要的数据进行分析。

3. 做好品类定位

竞品数据拿到了，这时候就要打造差异化的定位了。我们可以针对赛道场景中竞品出现负面声量的内容进行卖点的确定，也可以把当前赛道存在正面声量的内容进行合理利用、实现转化。我们可以根据用户的需求，结合不同的场景和内容，打造创新性定位和卖点。

品牌在内容上的定位必须参考平台用户的特点趋势。以小红书平台为例，小红书的用户以年轻女性为主，要想在小红书上实现成功"种草"，高颜值就是不可或缺的因素。我们要利用外观吸引用户的关注。此外，内容要具有话题性，用户更关注具有话题的、容易激发大家好奇心的产品。然后就是性价比，容易被"种草"的人相对年轻，因此产品的性价比高低决定了它是否能得到口口相传。

4. 测试内容

- 寻找卖点

通过梳理自身优势，找出产品的关键价值和关键词，也就是给自己的产品找到一个独特的"标签"，并确保在所属品类里有一定的识别度。

- 测试卖点

通过对竞品的分析以及结合产品自身的特性，筛选出一批符合要求的产品进行投放。任何投放活动都有一个从测试到放量的过程，特别是当品牌方进入一个新的平台，或者有新的产品上市的，不能一开始就大规模投入，而应该先测试，再放量。

对竞品策略的分析也只是一个参考，并不代表他人适用的对我们也同样适用。这就需要我们结合自身的情况，对最终选定的卖点进行小范围测试，对结果进行调整、迭代，再将成功经验放大。

测试周期一般是 1～3 个月，要有计划地在各个层级、各个维度或领域选择带货博主，从而测试出产品是否具备爆品潜质。

5. 建立投放模型

通过与不同类型的达人合作，将产品信息传递给不同的用户群体。通过打造与达人共创产品的多样化应用场景，逐步扩大用户投放范围；通过多元化组合，实现广泛触达，从各个角度讲述品牌故事。

不同阶段的达人投放和布局的策略为：

- 前期达人投放策略：30% 关键意见消费者（KOC）+50% 腰部意见领袖（KOL）+20% 头部 KOL

- 中期达人投放策略：10%KOC+80% 腰部 KOL+10% 头部 KOL

- 后期达人投放策略：20%KOC+30% 头部 KOL

要尝试通过头部 KOL 实现转化类内容的产出，为品牌声量引爆奠定基础。此外，利用 KOC 获得购买体验分享、产品使用心得、测评等内容，并且通过给用户提供直接、可转化的购买方式，形成良性循环。"种草"的相关内容可以持续投放，但是应选择时机，适当增减预算，并且后期的投放应以转化为主。

"种草"在内容营销中越来越重要，但内容营销不仅仅是做自媒体和"种草"。内容营销应该融入产品开发、品牌建设、营销推广、用户运营的全过程。内容营销是对增长的战略性投资。内容不仅是一种理念,还是一项战略,是企业增长的内驱力。

现在,企业需要具备两种产出能力:一种是生产产品的能力;另一种是生产内容的能力。这两种产出能力的融合,有利于实现产品的内容化和内容的产品化,也就是内容营销(图2-6)。

图2-6 用内容"加持"产品,实现营销传播一体化

> 现在,企业需要具备两种产出能力,一个是**生产产品**的能力,另一个是**生产内容**的能力。

SECTION 3 ◀

第三节
品牌联名

每个人都会忠于自己喜爱的品牌，但喜爱的产品很可能是由你喜欢的两个品牌共同打造的。这种联合品牌的产品非常出色：它以一种有趣的方式将两个经典品牌结合在一起，从而带来意想不到的创意。事实上，做过联名的品牌会不断创造制作联名产品的机会。

联合品牌营销的重要性

人们创造价值的最重要方式之一就是走到一起。当品牌规模达到一定程度时，这种力量就会增长。两个品牌彼此赋能、彼此交换用户，是联合品牌营销的意义。联名不是简单地在两个品牌中增加一个"×"，而是将两家公司的品牌战略统一到一条战线上。

联合品牌的含义

联合品牌是两个品牌之间的一种战略营销和广告合作关系，其中一个品牌的成功会给其伙伴品牌带来成功。联合品牌是建立业务、提高知名度和打入新市场的有效途径，为了使合作真正奏效，就必须让参与者获得双赢。

联合品牌的作用

1. 扩大影响力

品牌联合可以使一个品牌的受众与另一个受人尊敬的品牌的受众成倍增加。因此，品牌可以增加与合作伙伴客户及其粉丝的接触，也可以增加与自己粉丝的接触。而且，联合品牌合作伙伴关系不仅仅是各品牌的总和，品牌之间的合作还可以帮助双方将品牌影响力扩展到新的地域和群体中。举个例子，通过与茅台的联名合作（图 2-7），瑞幸的销量、势能同时增加了。

图 2-7　瑞幸与茅台联名

2. 资源共享

　　数字时代的营销和品牌推广的成本越来越高，尤其是在大规模推广时。品牌联合为双方团队提供了彼此的资源——为每项活动增加了更多的人员、预算和知识。品牌联合还为品牌的团队提供了很好的学习机会。彼此互通有无，可以联合触达更广的人群。赫莲娜和中国连锁咖啡品牌 Manner Coffee，两个看起来没有什么关系的品牌，却拥有相似的用户人群，两者的联名产品（图 2-8）更加有趣，也更益于传播。

图 2-8 "一杯青回"联名款

3. 信任背书

如果你有一个新品牌，那么你可以通过与一个成熟品牌联名来提高你的声誉。这有助于与客户建立信任，因为这表明你尊重一致性。这使客户将对另一个品牌的忠诚度与他们认为你的品牌所能提供的价值结合起来。上新的潮牌常与明星出联名款就是为了达到这个效果。

4. 促进收入增加

扩大受众范围，增加品牌信任度以及回头客的忠诚度都会顺理成章地转化为销售额。合作关系还可以通过新产品和新服务获得额外收入，而你的品牌可能很难单独开发这些产品和服务。跟喜茶联名的芬迪（Fendi）自身的产品价格比较高，于是借助自己的品牌色"黄色"与喜茶联名，出了有自身强标识的奶茶饮品。这次联名的周边产品一上线就被抢空了（图2-9）。

第二章
品牌该如何取得内容流量的制高点

图 2-9　喜茶与芬迪的联名款奶茶

联合营销如何 1+1 大于 2

　　品牌联名越来越多，我们耳熟能详的消费行业品牌

（如喜茶、蜜雪冰城、肯德基等）都在用联名的方式来打造声量和销量，但品牌合作并不是只有"超级大牌"才可以做的营销。

品牌联名可以让品牌之间更高效地融合，品牌更可以借助互联网和线上平台让玩法更简单。比如，网友在社交平台分享滴滴和肯德基的联名活动"滴滴冲冲冲"，完成两次打车就可以兑换1张肯德基"花筒"券。

什么是好的品牌联名？什么是有价值的品牌联名？就是通过把品牌双方的产品元素深度绑定，对年轻用户形成强感知，实现转化新用户、维系老用户的效果。

此外，联名的方式主要有两种，包括品牌与品牌的联名、品牌与IP（知识产权）的联名（图2-10）。联名合作并不是"超级大牌"的专利，很多品牌都可以通过跨界的动作实现小品类的突围，并且还赢得相当漂亮！

第二章 品牌该如何取得内容流量的制高点

品牌 × 品牌

同行业

例：

服饰

The North Face × CLOT
联名系列

餐饮

奈雪的茶 × 海底捞
联名新品

……

跨行业

例：

餐饮 × 宠物

DQ × 电力宠物公司
限量宠物帽

美妆护肤 × 餐饮

赫莲娜 × MANNER
"一杯青回"联名新品

……

（a）品牌与品牌联名

品牌 × IP

艺术家 IP — adidas neo × Keith Haring 系列服饰

文博 IP — 刘亮春 × 三星堆博物馆 "刘亮春·青铜纪"新品

艺术机构 IP — Costa × UCCA "波普桂花"联名包装 & 主题店

体育赛事 IP — 蒙牛 × NBA "要强主场"系列数字藏品

影视综 IP — 喜茶 ×《梦华录》联名特调 & 主题门店

文艺作品 IP — 竹叶青 ×《只此青绿》"只此青绿竹叶青联名春茶"

（b）品牌与 IP 联名

图 2-10　联名的主要方式

065

以巧劲撬动"大流量"

熊猫精酿与《长安三万里》就是以巧劲撬动了"大流量"。

精酿行业本身就需要不断拓展场景,与年轻的消费者进行沟通。一方面,熊猫精酿希望选择与品牌气质契合的合作对象,而电影《长安三万里》取材自中国唐代历史,并且以"诗仙、酒仙"李白的故事展开。凑巧的是,熊猫精酿从创立之初就希望做好中国本土的精酿,并一直坚持做中式风味的精酿,无论是主视觉还是字体,传递的都是中式风。另一方面,熊猫精酿希望选择国民度高或者更先锋的合作对象,"这样的内容是我们的消费者会认可的"。

在具体的合作方式上,熊猫精酿本次与《长安三万里》合作推出了联名款"把酒言欢荔枝玫瑰啤酒"(图2-11),从口味到包装都是专门为本次合作定制的。联名款玫瑰荔枝口味,结合了影片的历史背景和当季时令水果口味,因此,此次联名推出的不仅是新的口味,更增添了符合IP的内容创意。"日啖荔枝三百颗"更深度地将文化要素融入产

图 2-11 熊猫精酿与《长安三万里》的联名款产品

品，这也会使消费者在观影时多了些氛围感与体验感。

初次 IP 联名就推新品的动作看似大胆，但实际在每一次品牌投入上，熊猫精酿都对效果进行了考量：

价值营销
Value Marketing

● 与《长安三万里》的合作采用的是"资源置换＋销售分成"的模式。

● 注重品牌曝光,"我们可以通过这种合作形式获得销售,但此外,我们更希望品牌多曝光、多露出"。

● 联名合作是测新品的重要环节。如果联名款受到客户的喜爱,那么未来该款产品将成为品牌的常规款持续售卖。

除了 IP 联名,在整体的营销策略上,熊猫精酿也坚持以小成本撬动"大流量"的思路。熊猫精酿天猫店铺的访客浏览量在电影《长安三万里》上映期间增加了 4014%,电商的销售增长了 1800%。

熊猫精酿的联名也把故事融入产品中。会讲故事的产品能为消费者带来不一样的体验感,图像作为文化传播的媒介,从名字到包装,从外形到内在都在为产品赋能。注入品牌内涵的产品能激发消费者产生情感共鸣,做到从外到内地打动消费者。

第二章
品牌该如何取得内容流量的制高点

我们要应对日渐同质化的联名痛点问题，而品牌需要找到具有差异化的新路径。对此，品牌可以和联名对象在内容结合、营销策划方面更具系列化，做出更出彩的联名。当然，无论是何种跨界联名动作，都是使品牌实现商业目标的具体路径。我们需要思考如何借助跨界联名实现符合自身目标的差异化沟通（图2-12）。

如果论及"品牌联名大玩咖"，那么一定会聊到茶饮、咖啡。有的品牌靠着联名拿到了"玩咖"的称号。比如咖啡品牌永璞，就对品牌联名有着非同一般的狂热。永璞品

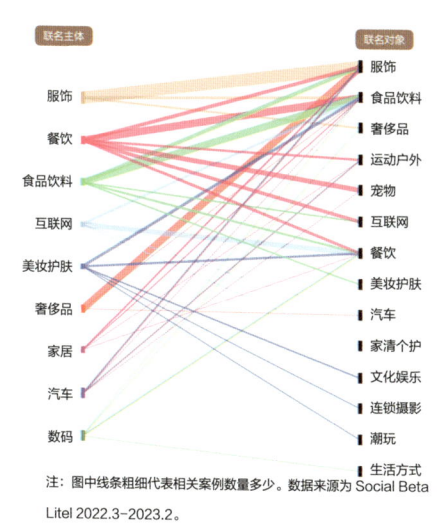

注：图中线条粗细代表相关案例数量多少。数据来源为 Social Beta Litel 2022.3-2023.2。

各行业选择联名对象的偏好

排名	联名对象类型			热衷与之联名的行业
第1名	设计师品牌	SHUSHU/TONG	UMA WANG	服饰
第2名	运动			奢侈品
第3名	宠物	VETRESKA		餐饮
第4名	老字号	东阿阿胶	大白兔	食品饮料　美妆护肤
第5名	咖啡	MANNER	M Stand	互联网　美妆护肤
第6名	户外	FACTION	Naturehike	餐饮
第7名	潮牌	CLOT	Aape	食品饮料

品牌 × 品牌热门联名对象盘点

图 2-12　联名数据

牌自 2014 年起做过大大小小的联名高达 500 多次，每年靠着联名营收过亿元。

很多品牌方问我：是不是只有成熟的品牌间才联名？

我开始做品牌营销时就是从品牌合作开始的，最多一天的工作量是完成 10 个联名品牌活动。其实，任何一个赛道的细分品类都可以联名。提到咖啡，甚至有咖啡馆音乐这一特有门类。音乐类相关的平台（如 QQ 音乐、网易云音乐）一般都有咖啡馆专属的播放合集，可见咖啡与音乐关联甚密。

自媒体时代，音乐平台上有大量的播客，而大部分播客有自己的播客社群，逃花园咖啡将自己的一款"音乐"咖啡外观做成简约的黑胶唱片样式，主要面向年轻化的播客社群（图2-13）。

逃花园咖啡逐步跟黑胶达人展开合作，这也为黑胶达人的社群带来了新的业务线。黑胶达人的社群用不同音乐的名字来命名咖啡，用不同程度的"苦"来做名字和内容的区分。他们的"音乐属性"也成了很多音乐节的咖啡产品名。Rock[1]、Hip-Hop[2]、POP[3]、R&B[4]，就是这样的名字，让音乐发烧友们一听就想要来一杯。就是这样一片音乐的岛屿，营造出了社区的温暖氛围，同时赋予了乐迷咖啡享受。

---

[1] 指摇滚音乐。——编者注
[2] 指嘻哈音乐。——编者注
[3] 指流行音乐。——编者注
[4] 译为"节奏蓝调"或"节奏布鲁斯"。融合了爵士乐、福音音乐和蓝调音乐。——编者注

价值营销
Value Marketing

(a) 市集现场

(b) 市集产品展示　　　　　　(c) 用音乐命名

图 2-13　逃花园咖啡与黑胶达人社群的联名

第二章
品牌该如何取得内容流量的制高点

最后总结一下,关于品牌联名包含以下步骤(图2-14)。

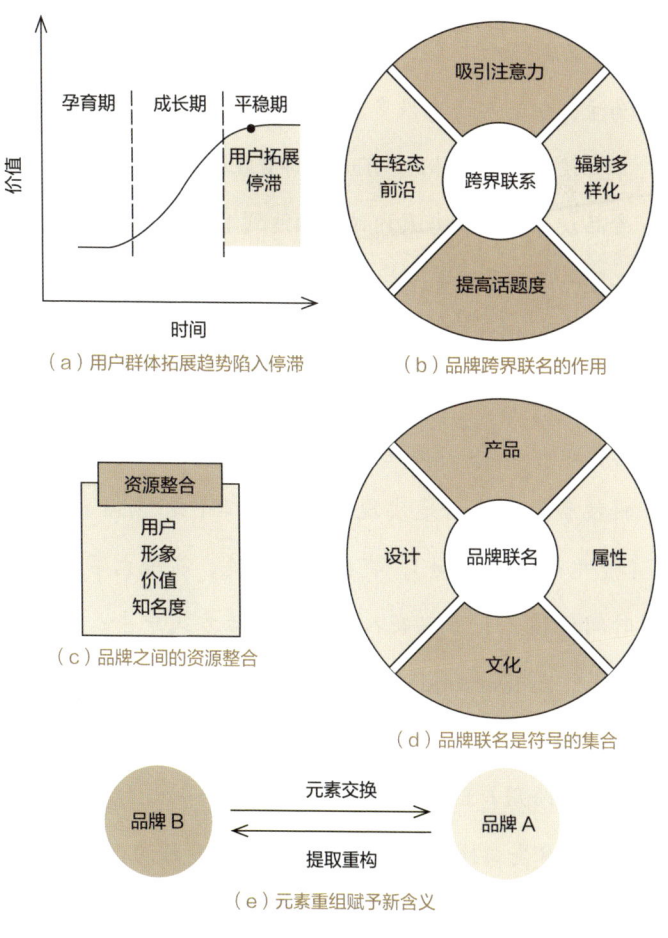

(a)用户群体拓展趋势陷入停滞

(b)品牌跨界联名的作用

(c)品牌之间的资源整合

(d)品牌联名是符号的集合

(e)元素重组赋予新含义

图2-14 品牌联名步骤

案例：ffit8 的成功联名

ffit8 是代餐蛋白棒品牌。蛋白棒虽然以代餐功能为主，但其实还有很多其他功能。它既可以是健康的零食，又可以是补剂。ffit8 品牌曾在小米平台做了一次食品众筹活动，10 天内销售额达到 1000 万元，这使该品牌一度非常火爆，成为网红健康食品的代表品牌。

ffit8 创始人张光明曾说："我们公司的使命是希望每个人都'eat to fit'（吃得健康）。我们有三个理念，第一个是'future food'（未来的食物），旨在用科技帮大家更好地实现健康；第二个是'fast food'（能吃得快的食物），突出它的便捷，能给大家创造时间价值，并可以嵌入大家的生活方式中去；第三个是'fashion food'（时尚的食物），吃健康食品是一种潮流，它是一种'我想让自己变得更好'的精神，能给用户创造精神价值。"

ffit8 蛋白棒的特色体现为：科技＋时尚。ffit8 通过与代表时尚的品牌合作，旨在为消费者打造更有质感的生活方式。ffit8 寻找合作伙伴时，重点在找到与自己品牌价值观相符且优势互补的品牌。例如，ffit8 和 Lululemon 都受到健身达人和普通健身爱好者的青睐，这样的联名合作能更好地满足用户需求并且明确使用场景。健身类头部博主帕梅拉的盒马购物清单曝光，其中就有 ffit8 三个口味的蛋白威化（图 2-15）。

图 2-15　ffit8 蛋白棒展示

联名合作选定合作伙伴后，就要制定相应的合作策略。有效的合作策略应该考虑如何最大限度地利用合作双方的资源，如品牌知名度、产品优势、市场渠道等。同时，明确的分工合作也非常重要，它可以帮助合作双方明确各自的角色和责任。例如，ffit8 负责提供产品，Lululemon 负责提供联系达人和社群推广。

ffit8 的包装设计凸显时尚特质，得到了很多小红书健身博主的青睐。鲜亮的"视觉标签"结合明确的"目标"，不仅可以帮助品牌保持对合作成果的期待，也可以在产品创新上推动品牌发展（图2-16）。

当品牌合作进行到一定阶段时，评估合作的效果就变得尤为重要。这时，数据分析可以起到关键作用。通过对销售数据、市场份额、消费者满意度等指标的分析，可以明确哪些地方做得好，哪些地方需要改进。此外，客户反馈也是一种重要的评估工具，它可以帮你理解消费者对合作产品或服务的看法，从而为未来的合作提供参考。

图 2-16　ffit8 与小黄人的联名

我们可以看到一个品牌如何通过合作，找到市场的新机会，打造独特的产品或服务，从而满足消费者的多元化需求。为了使网红品牌更红，品牌方可以在联名合作中拓展人货场更多的可能性，同时弥补自身本不具备的商业元素的缺陷。

品牌合作都希望能产生一加一大于二的效果，想要实现这样的增益效果，需要做到以三点：

（1）找到合适的、匹配的合作伙伴。

（2）设定联名双方共同的合作目标。

（3）找到新需求，打造独特的产品或服务。

价值营销
Value Marketing

在数字时代，品牌合作日益流行，品牌合作可以定义为两个或更多的品牌携手共进，共享资源，从而共同开发新的产品、服务或者营销活动。其目标是实现双方甚至多方的共赢，吸引更多消费者的注意力，满足其需求，甚至实现颠覆市场的创新。

> 我们需要思考如何借助跨界联名实现符合自身目标的**差异化沟通**。

第三章

CHAPTER 3

关系价值

价值营销

从一

中科书院
CSP BOOKS

sanjie

第三章
关系价值

SECTION 1

第一节
以客户为中心

不同服装店开在相同的街区里,有的能轻而易举地成功,受到一致好评;有的毫无起色,不得不采取天天打折、降价促销等应对措施,二者的差别在哪里?

很多时候,差别不在于专业技能,而在于经营者是否运用了独具价值的营销策略。有些人总是忙于模仿、跟风,而没有从战略的角度真正思考过其中的原因。

对企业而言,客户资源是最好的资源,其重要性不仅体现在营销层面,还体现在公司发展的战略层面。

企业在制定营销策略时，常常将自己的需求置于客户之上，一旦形成习惯，就会先想自己后想客户。数字时代的营销重心由"我"（企业）转向"你"（客户），并且强调以客户为中心。在信息时代，企业应该与客户建立什么样的关系呢？

以客户为中心，就是把客户需求置于企业需求之上，企业要与客户产生共鸣，并且形成共建关系。只有企业全心全意地从客户角度出发，学会与客户沟通，并让他们满意，才能让客户成为企业品牌的终身客户。

从消费者到客户

以客户为中心的前提，是了解"客户"一词的含义。实际上，"消费者"和"客户"两个词的定义具有明显区别（表3-1）。

表 3-1　消费者与客户的区别

角色	购买行为	行为属性
消费者	购买商品或者服务的人	侧重于一次性购买
客户	专业服务的购买者	侧重于长期的合作关系

消费者（Customer）：购买商品或服务的人。

关于"消费者"的关键词是"购买"。

客户（Client）：购买或者接受专业服务的人，与企业在商业领域是一种长期合作的关系。

关于"客户"的关键词是"长期合作"。

通过以上两个词的定义，我们可以看出二者本质上的不同。事实上，我们在表达时常常混用这两个词，但没有想过二者之间的差别。或者，在买东西时，我们习惯使用"消费者"一词，而在购买行为结束后，我们更关注消费者带来的不同价值。

从销售到服务

只有把消费者当成客户看待，从向消费者销售产品转为为客户提供服务，才能使改变客户称呼这一行为拥有真正价值。这意味着企业不会在完成一次交易后或在服务过程中就消失得无影无踪，丝毫不关心客户购买后的感受和结果。当一位客户受到关注时，企业的任务是彻底了解客户的需求，寻找他们的痛点，只有这样才能知道他们的需求是什么，并提出建议。只有企业深切地体会到客户的处境，才能为客户推荐产品或服务，从而更好地帮助他们解决问题。

了解问题所在、提供解决问题的方案并引导客户顺利解决问题，这一过程不是销售，而是服务。企业与客户之间不仅是生意关系，企业还是客户值得信赖的生活顾问。这就是"头回客"转变为"回头客"的原因。

只有了解了消费者和客户的区别，才能深切地理解客户的需求并且帮助他们解决问题。此外，我们也知道了如何在购买之后与客户进行有效沟通，确保客户满意，并使其成为终身客户。

从消费者到客户，不仅是称呼的改变，更是我们对于关系价值关注的开始，也是企业以客户为中心策略的起点。

以客户而非订单为中心

一旦明确了客户需求,就应该准备好成为他们的朋友。企业的目标是成为客户值得信赖的合作伙伴,并提供专业意见。企业肯定不愿成为客户心中强买强卖的销售人员,让其避之不及。

我有一个客户是做花墙和花艺设计的,他们会根据客户需求为其设计花园和花墙。一直以来,他们提供给客户的是方案。有一次,他们建议客户将工作室设计成一个迷你花园展示区,让客户更好地感受到"花园的设计",最终,其设计订单价格上涨了五倍。

我有个咖啡厅的客户本身是个宠物博主,想要结合宠物元素进行装修,最后,他划出了一个区域专门提供给客人,让他们带着宠物拍照。因此,这里成了有宠物的客人的聚会和打卡地,这家店在三个月内就成了大众点评区域热榜的第一名,并且收到了很多宠物博主的好评。

这就是以客户为中心,看似非常简单。现在我们将它

> 价值营销
> Value Marketing

进行拆解，以了解客户需求的真正含义。为了脱颖而出，企业必须比客户更了解自己的行业，利用专业知识为客户提供咨询服务。企业的建议需要既专业又为客户考虑。此外，时刻准备好承认不能满足客户需求，不管是订单不能及时到货，还是不能将某件产品卖给某位客户。真诚可能会使你错过一次合作机会，却可能为你赢得一个长期客户。相对而言，客户通常愿意光顾值得信赖的企业。

思考 什么样的消费者适合被转化成客户？

> 企业与客户之间不仅是生意关系，企业还是客户**值得信赖的生活顾问**。这就是'头回客'转变为'回头客'的原因。

SECTION 2

第二节
顾问式服务：做客户身边的专家

很多店铺老板都盼着自己有客户，认为跟客户保持好的关系就是将客户拉进私域。其实，将客户拉进私域只是第一步，只有不断地运营私域才能起到留存的作用。

举个例子，美妆师的专业技巧分享比起化妆品更能吸引客户留下来，美妆店老板以"生活顾问"的方式，不定时解读新产品，以及产品新用法之类的专业内容去影响客户。

应该注重产品还是注重人

作为企业，你的目标是成为客户值得信赖的顾问，为他们提供专业的建议。客户会意识到，你关注他们的需求和利益。

市场上消费品相对过剩，并且产品是越来越趋同的，产品需要不断迭代，迭代围绕的核心是客户对于价值的认同。

将客户的需求放在自我需求之上，为客户提供更大的价值，是价值营销的核心。我们要与客户产生共鸣，伴随他们的需求一起成长，真正了解客户的痛点和需求，并且全心全意地帮助他们解决问题。客户的满意度就是品牌好评度的保证，我们需要成为他们身边的顾问式朋友。

顾问式的营销，必须比客户更加了解行业、了解产品，利用专业知识服务客户。以客户为中心，而不是以成交为中心，我们要了解客户的实际需求，并给出客户需要的解决方案。

将价值"教"给客户

在购买产品的时候,你喜欢什么样的销售人员?是咄咄逼人一直推荐某款产品的,还是你有问题问他,他就会给出专业建议的?相较于传统的线下销售,如化妆品行业的销售都以产品为主,各大平台的彩妆博主会通过评测和发布试用心得的方式来向客户分享产品,教客户如何挑选口红,并且给出专业的产品信息让客户自己掌握方法,做产品对比并进行挑选。

案例　一切只为烤肉

提到日本料理,大家的印象就是服务好。当遇到一个上来就不提供服务的品牌,我瞬间有点好奇,于是我带着团队专门去日本进行了考察。

烧肉在日本的街头巷尾非常受欢迎,而牛角烧肉的老板因为自己喜欢吃烤肉,于是就开始研究烧肉,并认真研究了牛肉。这一研究就用了20头牛,精细到确认每一块肉的炙烤时间,并且反复测试,直至获得最佳口感,他也因此耗损了许多烤网。

第三章
关系价值

老板因热爱而成了烤肉专家,他在日本的很多烤肉馆试吃过,还做了十几本密密麻麻的笔记。后来,老板在一个小巷子里开了自己的第一家店,并且在店铺里给顾客"立了规矩"。当看见"烤肉步骤"时,我十分震惊,心想:这是什么店铺呀,还要给顾客立规矩?顾客进店之后,有服务员会向其介绍"烤肉步骤",教其分辨不同食材的烤制方法和时长,让顾客可以快速掌握要领(图3–1)。

1. 严选谷饲原切牛肉

2. 好肉不用腌,每片都好吃

3. 每次烤肉片数等于人数

4. 标准牛肉片只翻烤一次

5. 牛肉烤五至七分熟较好

五至七分熟

6. 由少到多　由薄到厚

少　多

薄　厚

7. 第一片不蘸料品原肉香

图3-1　牛角烧肉专门店烧肉七规

这样的品牌到底会跟上下游产生怎样的关系呢？一方面，顾客非常认同老板的专业度，基本上吃一顿之后，自己也对烤肉有了进一步的了解；另一方面，供应商都希望自家好货得到老板的认可。

顾客在用餐后取得的成就感，不只源于"好吃"，更是因为专业。让顾客在烤肉这件事上有自己的专业判断，也就使其与品牌的顾问式服务产生了黏性。当烧肉专家研究新吃法的时候，就有烤肉发烧友跃跃欲试，希望成为第一梯队的客户。

牛角烧肉的老板表示，为了让顾客心满意足，他每天都在思考如何做得更好。花时间培养顾客，教他们认清"价值"，看起来有些不可思议，但当烤肉店成为第一品牌的时候，这样的服务就具有差异化且更具有挑战性。烤肉专家传递的实际价值超过了产品本身的价值，并成了顾客身后的"专业顾问"。顾客不仅能吃到好吃的烤肉，更成了烤肉专家。顾问式服务，要做到以下三点：

- 你需要先成为专业选手，而非销售人员。
- 以客户为中心，而不只是以订单为中心。
- 想要得到客户的关注，先要关注客户的痛点。

在做购买决策的时候，有的销售人员会催促客户赶紧下单，有的销售人员会"教"客户，让其自己做判断。我们要用"教"的方式传递出产品的价值，不然客户如何了解企业背后付出的艰辛，又怎么能对比出我们的产品和其他同类产品的差异性呢？

价值营销
Value Marketing

> 要实现高赢利和高复购,就要处理好与客户的关系。关系价值的构建源于对客户的诚恳与用心,让客户感受到产品的价格高会带来高价值回报。

思考 | 假设你开了一家花艺公司,你会怎样推荐自己的产品呢?

> 你的目标是成为客户值得信赖的顾问,为他们提供专业的建议。客户会意识到,你关注**他们的需求和利益**。

价值营销
Value Marketing

SECTION 3 ◀

第三节
关系价值：要与客户谈"恋爱"

陪伴价值

很多企业的创始人痴迷于自身的理念、业绩和目标，他们爱自己的产品，可以提供价值和独特性，并且，他们爱自己的企业文化，这些确实都是值得付出的地方。然而，请记住，企业的"恋爱对象"是客户。

提供优良的服务和优质的产品很有必要，也很关键。但如何做到"与客户谈恋爱"呢？那就要保护客户的利益、成为他们值得信赖的朋友，同时做好把他们的利益置于自我利益之上的准备。

与客户谈恋爱，和浮夸的营销、华丽的策划、空洞的承诺无关，它指的是不戴虚假的面具，不伪装成客户的好朋友。作为企业，如果你真心诚意地想为客户寻求利益最大化，那些老套、缺乏职业道德的做法，你都不能采用。你不需要问如何让人们掏钱购买你的产品或服务，而是问自己可以贡献什么，要如何解决人们的问题。这听起来容易，做起来却很难。你的付出会得到回报，并且当你利用资源将客户的生活变得精彩而丰富时，你将与他们建立终身的关系，他们越是成功，对你的生意贡献就越大，你也会随之变得更成功。现在，开始把客户当成自己幸福的促进者吧！

你的产品很棒，那又怎样

创业者或者老板要时刻准备好回答一个问题：你的产品很棒，那又怎样？

有一个客户问我，为什么他的公司可以生产出非常棒的纸杯却没有客户愿意采购？

我们可以提出很多相似的问题。比如，你带领的团队能在三个小时内完成艺术节的舞台搭建，那又怎样？你的二手车店里摆着几百辆豪车，那又怎样？你开的干洗店五年内从未洗坏过一件衣服，那又怎样？

拥有好的产品、优质的服务、不错的成交量、健全的售后服务，那又怎样？客户从中得到了什么？你能为客户做什么？

通常来说，当客户需要购买某类产品时，他们将面临几种选择：

（1）从你这里购买产品。

（2）自己想办法解决，满足其需求，但你的公司或者经营就与其需求无关。

（3）从你的竞争对手那里购买产品。

如果我们比客户更清楚问题所在，并且具备解决的能力，那客户就不会去选择我们的竞争对手。如果我们具备别人没有的经营优势，并且总能为客户提供增值服务，我们就不会让客户从竞争对手那里体会到"忠诚感"。让客户选择你的唯一方法就是：准备好回答"那又怎样"的问题。

客户只想知道，你是否理解他们的生活方式，能否从他们的角度来看待这笔生意，能否提供其他人不愿意提供的更多的价值。据此，企业应做到以下几点：

（1）对客户不愿轻易做出选择并存在顾虑表示理解，帮助客户打消这个顾虑，然后听你解释你所能提供的服务。

（2）展现自信，表明你的解决方案能够帮助客户解决问题或者满足需求，并且提供解决方案的步骤。

（3）给客户意外惊喜，即让他们能从这次交易和后续交易中获得增值服务和额外收获，从而与你建立长期关系。

> 企业的'恋爱对象'是客户。

SECTION 4

第四节
"恋爱"有风险更有价值

"恋爱"本身存在风险。因为企业很可能在短期内赔钱，或者不能从单笔交易中挣更多的钱。但我们必须明确，企业要做的不是成交一笔生意，而是打下持续获利的基础，并与客户建立终身关系，客户给企业带来的终身价值是可量化的。附加产品或者服务所需要的费用可以计算为成本。我们可以通过下述方法进行核算。

（1）计算平均销售额和单次销售额利润。

（2）判断一个客户可能消费几次，计算他带来的额外利润。

（3）用营销预算除以现有客户数量，计算出客户所需要承担的费用。

（4）用同样的方法计算潜在客户所需承担的费用。

（5）用一个客户终身为你创造的收益减去转变客户所需的费用，计算出客户的终身价值。

关系价值大于订单价值

市场竞争中，产品越来越趋同，产品迭代围绕的核心在于客户对产品价值的认同。因此，以客户为中心比以订单为中心更有价值。

将客户的需求放在首位

> **案例　把客厅变成书房**

对于使用时间相对长且价格相对高的产品,提供顾问式服务尤为重要。比如,家具的主要功能在于收纳,针对客户收纳的东西需要提供更有针对性的家具。提供家具定制服务的同时还涉及装饰品、摆件与产品的契合度。在此场景中,以客户需求为中心,就要考虑客户实际居住需求并给予整体的建议。

禾描在提供客户服务的过程中,发现大部分客户是文艺青年,他们几乎都有书架的需求,但做方案的时候,发现大部分的客户都没有独立的书房,并且这些客户拥有的图书数量都不少。通过将专业的测量和实际用途相结合,他们在行业内率先推出了"客厅书房"的概念(图3-2)。将客户的存书变成"软装",不仅增加了实用性,客厅的文化气息

图 3-2 客厅书房

也提升了。他们的专业度得到了客户认可，且在小红书、大众点评上的好评度也一路飙升。因为客厅书房的概念很受关注，所以多个社交平台邀请该企业分享设计理念。

　　禾描对于空间有独特的理解，认为家具可以更好地融入客户的生活。禾描把存书量大的客户的生活比作"与书同居"，并且将书简单的收纳转变为客厅书架的"软装"，一方面满足了客户大量存书的需求，另一方面将书作为装饰品，增添了客厅的文化氛围。

　　将书房和客厅做结合，禾描放弃追求更大金额的订单，给客户配更贵的家具和"软装"，而是将客户现有的书变成装饰品。这样看上去"就地取材"的做法，让客户客厅的文化气息更浓厚了，且赢得了许多好评。禾描的客户不乏小红书的生活方式类博主，他们自发的"买家秀"为禾描带来了更多新客户。

　　看起来只是简单地换了"设计"，实际是了解客户真正的需求，将客户的利益放在了自身利益的前面。禾描还在"陪伴"上做足了功夫，让客户把"诗与远方"带回家，也会不时地给客户制造惊喜。这样的服务会让客户喜欢自己所拥有的空间，也愿意把自己的朋友带入这样的空间进行

价值营销
Value Marketing

分享。

为客户提供增值服务

现在，大家都习惯于线上购物，购买电器也不例外。但我的一位朋友却是在社区店里买的空调。我很好奇地问他为什么会选择在社区店购买，他回答说，因为空调这类设备每年都需要调试和清洗，而平台间的价格都差不多，这家社区店每年会收取 200 元的服务费，并提供清洗、加氟等服务。实际上，提供这些服务的成本是远高于 200 元的，但是提供这样服务需要承担很大的"责任"。这家店的行为一度不被看好。然而，正是通过这样的方式，这家店将超过 30% 的新客户变成了长期客户，年销售额也随之增加。

社区店的优势在于离客户近，可以很好地降低时间成本，并在集中的时间段给客户提供增值服务，这和电商有一定差异。额外的服务势必会增加成本，但由此能获得口碑宣传，毕竟，社区店的服务是容易被邻里看到的。

我在给客户提供咨询服务的时候，就像永远戴着一顶黄色思考帽（图3-3）——提供更多乐观、积极的情绪，我永远在客户遇到营销难题的时候积极鼓励他们，并告诉他们任何困难其实都是可以被解决的。在创业过程中，勇气和正向情绪更难以获得。正因如此，我的客户往往是长期客户，因为营销顾问有很多，但能够持续提供正向情绪的营销顾问却很少。

红色思考帽（愤怒）　绿色思考帽（创意）　黄色思考帽（乐观）　蓝色思考帽（冷静）　白色思考帽（客观）　黑色思考帽（悲观）

图3-3　六顶思考帽

思考　假设你是首饰店的老板，你会提供什么服务？

> **以客户为中心**
> 比以订单为中心更有价值。

第四章
CHAPTER 4

策展思维——
视觉就是流量

VALUE MARKETING

第四章
策展思维——视觉就是流量

SECTION 1

第一节
拥抱策展思维

什么是策展思维

在受邀参加眼镜品牌 Gentle Monster 三里屯店开业活动的时候，我非常好奇是什么样的品牌会在寸土寸金的商业中心把大块空间拿来做装置艺术展，而不是想尽办法展示自己的产品。

Gentle Monster 这个品牌自诞生以来就话题不断，并迅速风靡全球，其成功奥秘更被营销界奉为神话。其独特的产品概念和创意性营销策略确实掀起了零售的新浪潮。策

价值营销
Value Marketing

展式营销将 Gentle Monster 塑造成话题品牌，同时"空间艺术"也是这个品牌一直无法绕开的标签。

各大媒体对 Gentle Monster 线下零售店描述的重点，永远是装置、科技和艺术，好像眼镜只是次要产品一样。这并不是主次颠倒，而是品牌对线下零售店模式的一种新尝试，这种尝试也将带来强大的品牌溢价。从它身上，零售品牌圈领略到了策展式营销的巨大魅力。

思考 未来品牌实体店的主体功能究竟是什么？
消费者逛商店的动机会有怎样的改变？

互联网时代的购物体验主要来自网络，"宅生活"也是现在年轻人的生活状态，购物的机会被电商层层拦截，线下零售竞争更加白热化。那么，实体店的出路在哪里？

线下零售的商机一直被热议和关注，被热议的还包括热门城市都在打造的新商圈。新商圈除了各有各的热度，还各领风骚，竞相推出让人耳目一新的商圈和热门网红打卡地，在提供"沉浸式体验"的同时，几乎都用到了策展式营销。

从某种意义上来说,零售的本质就是把"人"和"货""场"连接在一起。它是一个连接器、一个场景,帮助消费者找到商品,也帮助商品找到消费者。**策展思维不仅改造了零售商业,也将零售三要素全面升级**(图4-1)。

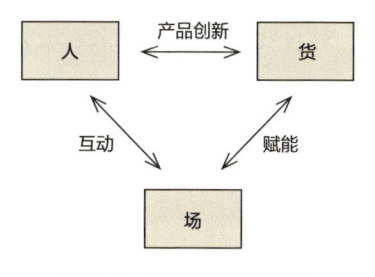

图 4-1 零售三要素的升级

人:人是零售商业中的首要因素,也是最关键的变化与推动因素。基于个人兴趣和社交圈层的消费模式升级成为年轻人的标配,这也导致零售商业,尤其是线下实体商业需要在商业供给层面对"货"与"场"进行全新的升级和重构。

价值营销
Value Marketing

货：商品不再局限于功能，而是更多地承载年轻消费者的个性标签，以及实现某类人群"专属性"的需求，并且其独特意义能引发消费者共鸣和二次传播。

场：卖货的场地和空间不再仅仅局限于商品陈列、功能展示的空间，更要承载一种生活方式的体验感，最好是整个场域的全面的沉浸式体验。特别是年轻消费者在与场域互动中，对自我的专属人设和社交圈层进行探索和验证。

策展思维从文博领域跨界而来，开始开拓线下零售商业的经营空间。策展是将不同的主题概念串联起来，形成线索，通过逻辑清晰的展品陈列设计，把知识和观点转化为一种直观体验的过程。

策展营销通过将潮流、文化、情感、社交、艺术融入商业空间中，构筑起一个吸引商品、客流的引力场，从而全方位地满足新消费者的体验和需求。

策展思维孵化——业态品牌

策展思维是通过创意和艺术，来赋能品牌的思维方式。我们要在商业中策展，就要把超出预期的新鲜感兜售给消费者，正如 Gentle Monster 品牌创始人所说的："消费者天生喜欢买新的东西，他们其实买的不只是产品，还有尝试新东西的体验。一个品牌的最大任务就是要提供超出消费者期望的新兴物品。"

从数据上看，Gentle Monster 的策展营销效果极佳：2016 年全球销售额超过 6000 万美元，2018 年超过 2 亿美元。以上海淮海路旗舰店为例，夏季进店客流每天超过 2000 人次，冬季周末也会在 1000 人次以上。旺季进店的消费者中约有 20% 的实际购买，超过眼镜零售业平均不足 10% 的获客率。

策展思维赋能城市综合商业

策展营销进入新的商业形态，将更有趣的活动代入线下的场景，这主要表现在 4 个方面：

价值营销
Value Marketing

1. 鲜明的主题内容

以"年轻力中心"为主题,积极回应和迎合年轻人的潮流消费和体验需求,只选对的,不选贵的。简单地说,需要的业态只有两种:一种是可以引发年轻人好奇心并不停拍照的模式,另一种是可以制造话题与故事并引发传播的模式。因此,这类商圈会一反常态地排除常规的高阶品牌,以时尚前沿、国际买手、国潮品牌为主,迎合年轻人的生活态度;美食餐饮聚焦"首店"经济,吸引年轻人尝鲜、打卡。

2. 高强度的社群运营

通过社群标签化,精准设计合适的策展体验活动。通过与社群达人、意见领袖的对话沟通和利益绑定,为线下策展活动的组织提供准确的主题参考和导流。

3. 高频次的活动输出

创造独特的"社交货币"吸引年轻人。用更多的快闪店、更有话题性的展览增加互动的频次。

4. 联动跨界品牌

主动结合不同类型的线上品牌，为品牌提供尝试空间，也让商圈品牌资源更为丰富和精准。

以上海 TX 淮海[①]的商场为例，从公开的经营数据看，商场的租金收入占比约 60%，其他来自策展和额外活动。其空间策展的收入已经呈现可观规模，并且策展能力初步获得了市场消费者的认可与买单。TX 淮海的初步成功，促使国内一些一、二线城市的存量商业也开始逐步运用策展思维进行全面改造。**不过，超大规模、体量的商业体，非常考验操盘者的策展资源整合能力，以及高频次的迭代能力。**

为什么要做策展营销

虽说品牌办展不再是一件新鲜事，但是当下品牌纷纷

---

① 策展型商场，崭新的潮流地标。——编者注

价值营销
Value Marketing

使用策展营销方法，展览也呈现多元化、立体化的趋势。办展热"复兴"，全面席卷品牌圈的背后，是策展营销策略奏效的体现，这迎合了当代年轻人向往"看展式社交"的情感和物质需求。

在大部分品牌及 IP 强调故事、调性、精神等"无形维度"的今天，线上的传播常受制于媒介传播渠道，难以直接触达受众群体，并且容易淹没在茫茫信息海洋中，而品牌展览极大缩短了与受众的沟通路径。

品牌通过沉浸式空间打造和跨界联动，创新艺术创意表现形式，融合品牌故事和文化内涵，抑或抓住产品卖点，打造出前卫、新奇的展览内容，开辟更为有趣、好玩的观展体验渠道。如何将节日和现有的产品相结合，做出不一样的体验感，让年轻人更喜欢，更希望前去体验和打卡，是很多实体门店目前需要了解的。

通过品牌展览，商家能够和新的消费者建立情感联结，和现有消费者保持互动、增加黏性，这有助于品牌形象的构建，成为品牌与消费者对话的优质契机。

承载品牌价值的桥梁

品牌展览蔚然成风，是品牌触达大众、精进品牌营销、传递品牌内涵、叙述品牌故事、拓展受众资源的重要媒介和手段。更好地将品牌想要传递给消费者的品牌故事，呈现为一个个场景，同时能更近距离地感受用户的评价，将内容更好地展现给用户，是当下品牌方必须做到的。

多维度营销的探索

零售品牌在线上销售达到一定的量级，在增长上受阻后，需要借力线下，通过更多的活动形式增加传播力度和美誉度。特别是服饰、配饰、潮牌等，都需要体验的加持。

菜市场里的体验式学习

"策展"已经成为一个能带动商业热度的词，甚至成为吸引年轻消费者的"高光词"。同时，我们可以看到"造节营销"热潮不仅体现在线上电商领域，线下各大商场纷纷将造节营销作为购物中心快速暖场的"营销利器"。

城市咖啡节、啤酒节、冰激凌节、烧烤节，这样的"节"在小红书、抖音、微博、朋友圈等社交平台刷屏，活动现场人气满满，真正实现了口碑、流量双丰收。比起活动热度，更加重要的是，在这些大型活动背后，以"策展思维"为基础，将内容创作融于商业运营，更好地将这样的"节"打造出圈的逻辑与认知。

菜市场遇见经济学——一个情景化打造的学习场景

将新书发布会做成一个展览，并且展览的所在地是一个菜市场——北京三源里菜市场，是不是创意十足？三源里菜市场不仅是个菜市场，还是一个生活方式的地标，一个民生服务的象征，不仅拥有了不起的生意传统，还被附近居民寄托了关于菜市场的所有美好想象（图4-2）。

三源里菜市场本身具有话题性，因为许多米其林主厨都来这里买菜和拍视频，此外，三源里菜市场也有着"网红菜市场"的称号，对策展人的创意保持开放的态度。

第四章
策展思维——视觉就是流量

图 4-2　三源里菜市场

当我和策展人廖尚勇聊到如何将经济学笔记融入活生生的菜市场时，他答道，"在菜市场里，要做到一步一景的动线设计，要提供随处拍照分享的愉悦感，还要为社交平台的内容输出与传播做铺垫。将书中的内容和实际摊位的经营相结合就已经很不容易了，但还要快速布展，这也是很大的挑战。"（图 4-3）

图 4-3　菜市场与经济学笔记的结合

时尚、艺术、科技相互融合的运营策略，已然颠覆了传统零售场景。依托于策展思维，策展人在建筑设计与动线规划上通过情景化的造景，达成了沉浸式体验，为传统的菜市场带来了全新体验的同时，更为这个项目留下了独立的亮点和记忆点。

沉浸式"卖菜"，撬动流量升级

很多人夸这次活动非常有创意。拥有具有创意的想法不难，难在创意的视觉呈现，这就考验策展人的功力了。发布会都有所谓的"行业通行做法"，

第四章
策展思维——视觉就是流量

新书发布会通常在书店或者酒店举办。此次活动用一个故事、一个场景、一段话来呈现：一本经济学讲义，应该在菜市场发布。

真正的难点，不在于想出新创意。真正的难点，是有勇气打破常规，对"行业惯例"视而不见。在菜市场日常的购物场景中搭建一个"学习展览"就很新奇，同时也会有不一样的挑战（图4-4）。

图4-4　三源里菜市场的其他创意

所谓策展活动，归根究底，离不开"体验"二字。大到商场空间的场景营造，小到品牌门店的创意呈现，甚至是各门店内的产品陈列，都会给消费者带来沉浸式的互动体验，这是策展型商业活动的核心亮点之一。

尤其在当下，年轻消费者崇尚颜值、个性、潮流，一个赋有高颜值、强体验的个性化空间，对他们始终有着神奇的吸引力。

当菜市场不再是传统的"老面孔"，取而代之的是学习的标语、摊主的肖像、与经济学理论的对比……策展人通过一摊一景的场景打造，用薛兆丰老师的经济学新书和得到品牌赋能菜市场（图4-5），既使每一个摊主形象都"活色生香"，又形成了一个"经济学新书"的展览空间。

图 4-5 得到品牌赋能三源里菜市场

沉浸式的互动体验，为消费者带来了全新的生

> 活方式，实现了人、货、场三者之间的相互牵引与连接，自然也让"菜市场"这类项目成为年轻消费者追捧的"流量密码"。

"艺术+"赋能，提升内容吸引力

艺术与商业结合是策展营销的根本。我们应该围绕主题，高效调动艺术、文化资源，通过传播、表现形式不断强化，引发消费者情感共鸣，从而建立项目与消费者之间的深度链接，让商业空间延展出更多的可能性。

通过空间策展、艺术文化、社群活力等，策展在多方面赋予了空间更多的可能性。

值得一提的是，拥有潮流、标新等特性的艺术展会能吸引很多达人和社群，产生多层次、多频次、多维度的二次传播，让展览成为对话年轻人的创新方式，也让"艺术+商业"展示出更强大的吸引力。

如何看待吸引力？对于线下展览和热度，还有一个考量的标准，那就是时间尺度。它决定了在多大程度上能收到反馈，回归本源。以《薛兆丰经济学讲义》新书首发为例，如果以一场线下活动本身的时间为尺度，比如2个小时，那么目标就会异化成"把更多人吸引到现场"。事实上，有很多发布会就是这么办的。如果以一个月为时间尺度，那么目标就会变成"把这本书卖得更多"。事实上，很多公司就是这么想的。如果时间更长，目标就是让每个人都能在日常的生活中体会到经济学的魅力，体验用经济学思维来解构世界的乐趣，吸引越来越多的人学习经济学。

依靠艺术本身来探讨这类的目标，就要将短期影响变成长期影响，从而更加重视传播和更有价值的目的。

孵化独立IP，构筑原创内容体系

菜市场已经成为很多城市"city walk"（城市漫步）的线路打卡地，策展人廖尚勇抓住了这个核心关键词。菜市场的环境富有生趣，也能够满足年轻消费者个人的情感表达，并将个人消费与自身生活方式相结合。此类活动或者场地成了这类群体打卡的重要据点,推进了策展型商业的崛起(图 4-6)。

图 4-6 富有生趣的三源里菜市场

线下策展 + 线上联动

做品牌的价值投资者相信时间的复利。

一个活动或者一个 IP 是一套内容系统,让用户能够把自己和其他人区分开来,并且能让用户在竞争中把自己识别出来。然而,随着品牌的成长,真正决定一个品牌长期竞争力的是品牌系统。

  不断地创新，对团队来说无疑是考验。只有实现长期创新，才能获取超出市场平均水平的收益。所以，从长期来看，营销的目的不是猎奇，而是关注品牌本身。在品牌问题上必须选择价值投资策略，积累品牌资产，并且只在那些能积累品牌资产的地方投入资源，最终形成自身价值的品牌资产。

> 只在那些能**积累品牌资产的地方**投入资源，最终形成自身价值的品牌资产。

SECTION 2

第二节
用展览来设计体验

近几年来,继咖啡馆、野餐露营之后,城市里的生活美学热度逐渐带火了"看展"。"看展"成为年轻消费者追捧的一种新生活方式和新社交方式。"策展"已然跻身带动品牌热度和势能的热门词汇,甚至是吸引年轻用户的营销活动关键词。

在社交平台上,与"看展"相关的话题和信息,每月的浏览量轻松破千万,关于"看展"的笔记和分享热度都不低。"看展"成了当代年轻人打卡的标配。

随着城市内的网红商圈崛起，策展这门艺术也逐渐脱离了传统美术/博物馆的固有框架，成为新的品牌营销发力点。从奢侈品专属艺术展，到快消、餐饮、服饰等，办展热蔓延至各行各业。

办展热潮的兴起，自然离不开一些奢侈品牌的助力，这些品牌将当代艺术与品牌理念结合起来，透过展览、产品的表象，将品牌的精髓与内核展现给更多的消费者。我很喜欢看展，也受邀参加过一些大牌（如香奈儿、路易威登、古驰）的展览。在品牌展览上，我能更好地学习：国际大牌如何通过展览为消费者连接生活品位与艺术美学和创新品牌叙事的。

国外的品牌喜欢扎堆办展，但国内的品牌不局限于"闪现式"的展览形式，而是更多地将策展的思路融入日常经营和品牌营销当中。

发挥空间传播势能

策展的创意维度很多，以策展思维玩转传统的文化场

价值营销
Value Marketing

景，可以最大化地发挥空间的传播势能和地理位置优势，起到四两拨千斤的营销效果。

好的空间故事促进产品精细化落地，通过展览的叙事方式将整个空间作为主角，使消费者每次到店都感觉经历了一次创意展出，这也是品牌方近距离面向消费者输出核心卖点的绝佳良机。

故宫、颐和园、天坛这类的文化属性极强的景点和消费场景的结合，就是最好的"展"，消费者在消费后拍照打卡、发社交媒体上的概率明显更高，这也是线上流量获取的最好案例。

案例　颐啡咖啡

颐和园是一个避暑胜地，但其中如果有个沉浸式喝下午茶的地方就好了。颐和园的颐啡咖啡馆就是这样一家"看展"体验式的咖啡馆。颐啡咖啡馆

第四章 策展思维——视觉就是流量

融合了颐和园里的经典元素：美物美器。

福禄寿喜就是颐和园的主旋律，依托于这样吉祥、美好的寓意，主理人设计了"老佛爷下午茶""福禄寿喜"产品，从意到形、从形到意，都寓意深刻。咖啡馆位于延赏斋——最佳的赏荷打卡点之一（图4-7）。

价值营销
Value Marketing

第四章
策展思维——视觉就是流量

图 4-7　颐啡咖啡宣传照片

颐和园大戏台也是颐和园的著名打卡地，咖啡馆里的陈设也抓住了这一流量密码。颐啡咖啡馆将产品与戏曲场景串联，呈现出了快闪式的"戏曲的展览"（图4-8）。

第四章 策展思维——视觉就是流量

图 4-8　颐啡咖啡馆产品与戏曲场景的串联

　　颐啡咖啡馆通过展览的表现形式，丰富了咖啡的美学体验，在年轻人喜欢的潮流饮品和传统文化之间，打开了一扇窗口，润物细无声地赢得了消费者对其品牌价值的认可。消费者拿到咖啡馆里的产品，往往会自发地在园子里打卡拍照，"老佛爷下午茶"和"福禄寿喜"产品的订单量也节节攀升。

　　极具"美学概念"的展览，不仅是线下的呈现，还容易成为网红打卡地。颐啡咖啡馆内的"美器"颇多，吸引了很多收藏爱好者前来拍照打卡。通过将场景和体验结合，打造特有的品牌调性，新消费品也逐步成为传承传统文化的新生力量（图 4-9）。

图 4-9　颐啡咖啡馆成为网红打卡图

> **以策展思维玩转**传统的文化场景，可以最大化地发挥空间的传播势能和地理位置优势，起到四两拨千斤的营销效果。

第五章
CHAPTER 5
探索用户兴趣，创造优质内容

在咨询的过程中,我发现关注"用户"、"内容"和"产品"三者的品牌越来越多。部分品牌通过将三者深度结合制定了品牌营销路径,实现了品牌声量与销量的双增长。

- 创造用户感兴趣的内容,借助内容不断构建和扩大品牌的种子用户群。

- 倾听用户每一次发声。不论是好评还是"吐槽",都是用户的真实反馈,值得深入研究,而后用于迭代产品。

- 借助用户社群的力量,观察需求的变化,在分析需求的过程中创造更多的可能性。

在近期的创业者分享活动上,大家聊到"粉丝共建"。

价值营销
Value Marketing

在品牌创立初期,找到了一个品类的痛点,是否应该在还没有实体产品的时候,构建自己的粉丝群?某个品牌的负责人说,他们最开始的行动是生产内容,组建内容和粉丝池。之后,他们举办了很多场决策会,以此询问粉丝意见,有的粉丝还自发成为"军师",持续出谋划策。

第五章
探索用户兴趣，创造优质内容

SECTION 1

第一节
用户的真实发声至关重要

　　提到内容营销，不得不提到小红书平台。小红书具有通过兴趣内容吸引相似群体的社区特性。2017年前后，我开始探索如何在小红书上吸引更多用户，也帮助一些客户在小红书上取得了显著的效果。借助品牌内容创造用户希望了解和感兴趣的内容，从而吸引更多的用户，并且促使品牌方和用户共同构建出充满活力的用户群。

　　我推荐我的客户在小红书上建立账号矩阵，有的用户账号有几万个粉丝，有的品牌账号有几十万个粉丝。通过小红书平台，品牌能够找到和用户沟通的更高效的方式。

价值营销
Value Marketing

小红书作为社区，有着开放和自由分享的独特属性，这让品牌和消费者之间有机会建立起更深的联系，也因为距离更近，能收到真实的"吐槽"和评测建议。用户每一次真实的发声，对于成长期的品牌都至关重要。

在社交平台，很多企业只想到了怎么发布内容，其实更应该设计的是如何发起话题，让粉丝针对话题发起讨论，自发分享。特别是产品和"她"有关，比如关于女性的产品，天然带着"她经济""她力量""她成长"的话题，就要更好地围绕大的话题来构建内容框架和体系，并且可以将自己的产品放于更大的"浏览量"和"讨论池"中。

让客户参与产品设计

很多品牌主理人关心如何在社交平台持续放大品牌势能。这就关乎品牌想要触达的人群：核心人群、兴趣人群、泛人群。

对品牌而言，首先最关键的是打透核心人群，通过内容持续紧密地与核心人群产生"共鸣"，依托核心人群，触达兴趣人群,持续破圈到泛人群。

反漏斗模型,是指品牌方找到自身精准的用户,明确他们的核心诉求,然后开启"种草"模式,通过品牌"种草"产品(图 5-1)。在核心产品得到核心用户积极的反馈后,依靠用户反馈再迭代产品。

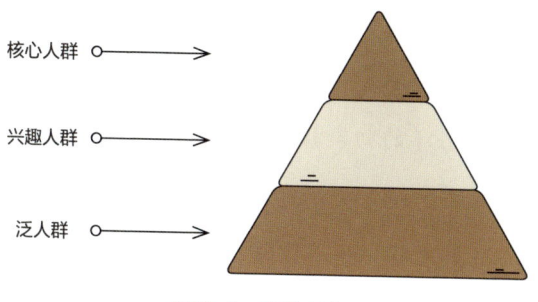

图 5-1 反漏斗模型

基于用户的选择和诉求,结合垂直类博主的经验分享,品牌方能精准、定向地为客户做服务,并且将选择开发的产品提前进行用户测评和内容创作。在小红书这类社交平台建立自己的账号,不仅是为了获得订单,更是为了将品牌的成长与用户的需求捆绑起来,让用户更早期地介入品牌的成长，同时构建内测体系，为品牌做决策提供依据。

> **案例　重新定义"香水洗衣液"**
>
> 　　森林海洋品牌用香水的理念来开发洗衣液，将最受欢迎的香水味融入洗衣液中。这样既使香味更加持久，又为消费者带来好的体验，并且将"香水"融入生活场景中。
>
> 　　森林海洋的初衷就是为年轻用户做更懂他们的衣物的洗涤产品。该品牌的洗衣粉综合复购率超过20%，销量突破100万罐后，森林海洋品牌方开始思考：是不是应该给年轻人提供一款能"戳中他们的心"的洗衣液？在社交平台的数据中，香水、香薰类的产品年复合增长率超过20%，针对市面上已有的香氛洗衣液的留香效果，森林海洋做了大量的竞品分析和用户调研（图5-2）。

要素	问题示例	分析答案
Customer 顾客	市场规模和增长潜力如何？	
	什么是决定购买的关键因素？	
	在市场中取胜的决定性因素是什么？	
	顾客有什么需求？	
	技术发展路径和法规将如何变化？	
Competitor 竞争对手	竞争对手是谁？	
	竞争对手的市场份额是多少？	
	竞争对手对行业的看法是什么？	
	竞争对手的优势和劣势是什么？	
	新企业加入竞争的可能性有多大？	
Company 企业	企业的目标是什么？	
	企业的财务状况和成本结构如何？	
	企业的总部是否拥有掌控全局的能力？	
	企业的研究开发与生产是否存在问题？	
	企业的销售和营销是否存在问题？	
	企业的优势和劣势是什么？	

（a）竞品分析

STP 分析	分析答案
Segmentation 市场细分	
Targeting 目标市场选择	
Positioning 市场定位	

（b）用户调研

价值营销
Value Marketing

京东-香氛洗衣液 6~10月成交人数、成交单量、成交商品件数

月份	成交人数	成交单量	成交商品件数
6月	174	361	452
7月	522	546	1084
8月	1913	1981	2786
9月	3037	3163	4504
10月	3289	3434	5116

（c）销售情况统计

图5-2 竞品分析和用户调研情况

  基于对用户和竞品的洞察，森林海洋做了大量的数据分析，希望能够重新定义洗衣液，像做香水那样去做洗衣液。森林海洋希望提供丰富的、贴合当下潮流的香水洗衣液从而满足消费者的需求。通过分析，森林海洋绘制出精准的用户画像——18~25岁的年轻人，在产品形态上抛弃了一大桶2千克的"实惠"包装，选择做浓缩的精致包装，这是年轻"潮人"喜欢的洗衣方式——像是用香水洗衣服。有了精准的用户画像（图5-3），并圈定了年轻人喜欢的购物平台，森林海洋迅速在受年轻人喜爱的热榜上霸榜超过了一个月（图5-4）。

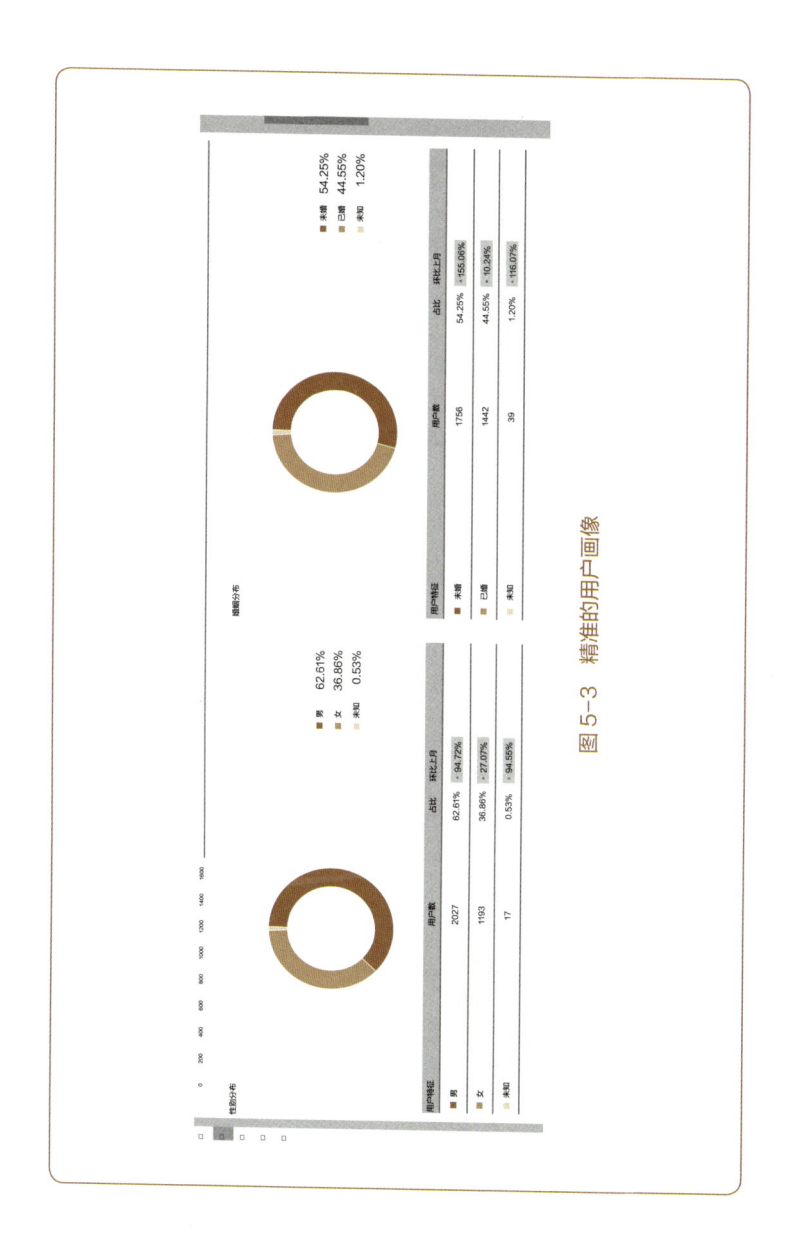

第五章 探索用户兴趣，创造优质内容

图 5-3 精准的用户画像

图 5-4 热销榜榜单

寻找 100 个体验官当"精神股东"

森林海洋在设计新品初期就非常重视用户,他们邀请了 100 个核心用户成为体验官,开启了一场共建的"玩味"之旅(图 5-5)。

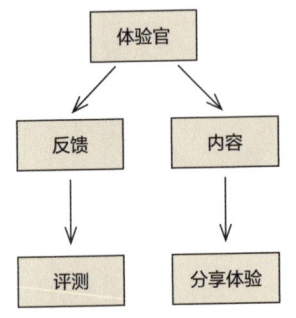

图 5-5 用户和内容的反漏斗模型

第五章 探索用户兴趣，创造优质内容

在排名前 20 的香型中，森林海洋选择调制了 12 款香型，分批次发送给了体验官进行产品验证和香气打分。经过 4 轮的筛选，综合香气表现、留香表现等重要因素，最终保留并优化了 6 款香型。

起初体验官很难相信品牌方真的会采纳他们的意见，也没有对产品抱有过高的期待。在他们一遍遍体验香型，调整香水的前中后调层次表现后（图 5-6），体验官的热情也被激发出来，不仅反馈评测结果，还主动带动身边人成为内容传播者。在他们的努力下，产品上市后销售表现优异，体验官还主动奔走相告。

爆汁蜜桃·轻留香 JUICY PEACH LIGHT SCENT	呼伦贝尔的草·轻留香 HULUN BUIR LIGHT SCENT	大吉岭茶·轻留香 DARJEELING TEA LIGHT SCENT
压弯枝条的蜜桃，是一颗颗阳光酿成的粉红炮弹，轻轻一触便炸开浓郁散不开的醉人芬芳。 前调：蜜桃、杏 主调：玫瑰、茉莉、绿叶 尾调：麝香	急促的马蹄扬起生机勃勃的青草香，风里混合着清甜花香和神秘木香野性灵感肆意驰骋。 前调：柑橘、青草香、白花 主调：铃兰、茉莉、青香 尾调：藿木叶、白松香、麝香	胡椒豆蔻和橙花香草，都是藏在深处那一抹清新茶韵的铺垫，仿佛戴着神秘面纱的印度美人。 前调：茶叶、豆蔻、橙花 主调：胡椒、鸢尾花、愈创木 尾调：琥珀、香根草、雪松

黑莓马卡龙·浓留香 SWEET MACARONS STRONG SCENT	甜酒香草冰激凌·浓留香 VANILLA ICE CREAM STRONG SCENT	北极雪松·浓留香 THE ARCTIC CEDAR STRONG SCENT
午后的一杯甜茶，散发着柠檬和橘的清冽，马卡龙的酥脆香醇萦绕访问，细诉少女的心愿。 前调：柑橘、柠檬、醋栗子 主调：玫瑰、铃兰、白花 尾调：香草、麝香、琥珀	坐在旋转木马上放一口冰激凌，快乐就会加倍膨胀，纯真幸福一通能在回忆里转好几圈。 前调：杏、李子、椰子 主调：晚香玉、铃兰、覆盆子 尾调：檀木、香草、麝香	仿佛一股清冽的海风，裹着松林上的积雪，披着海上日出的光辉，赶来邀你共赴北极盛会。 前调：果香 主调：胡椒、天竺葵 尾调：雪松、香根草

155

图 5-6 打磨后的产品

　　"北极雪松"是森林海洋香水洗衣液 6 款香型中最畅销的一款（图 5-7）。作为中型木质调的代表作，它成功验证了体验官的测评数据。让客户加入产品的设计当中，一方面可以更好地了解用户需求，另一方面也为销售结果提供保障，同时也印证了前期做竞争对手分析和调研市场数据的重要性。

第五章 探索用户兴趣，创造优质内容

图 5-7　品牌畅销产品——北极雪松

一个新生品牌快速占领用户心智，在日化领域快速突破，成为品类第一，离不开以下原因：

- 持续观察宏观的消费动态，分析消费趋势。

- 持续观察微观用户，进行深度调研。

一个品牌的诞生和成功，跟主理人自身的认知密不可分。在和森林海洋主理人聊到产品开发前期的思考时，周大凯将成功公式脱口而出：**在大品类中找到高毛利的好产品，并开发原点渠道，这样就等于成功。**

好产品 × 高毛利 × 原点渠道 = 成功

森林海洋在产品诞生之前基于用户画像做了很重要的功课。很多品牌在咨询时多次提到的一个问题是：如何更好地描绘品牌的用户画像？我建议关注以下关键要素（图 5-8）。

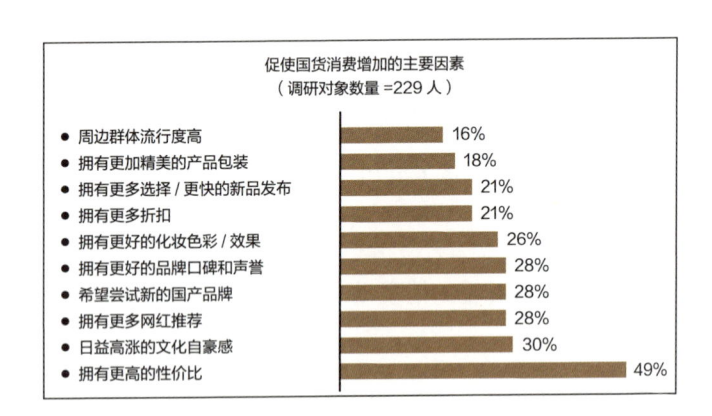

促使国货消费增加的主要因素
（调研对象数量 =229 人）

周边群体流行度高	16%
拥有更加精美的产品包装	18%
拥有更多选择 / 更快的新品发布	21%
拥有更多折扣	21%
拥有更好的化妆色彩 / 效果	26%
拥有更好的品牌口碑和声誉	28%
希望尝试新的国产品牌	28%
拥有更多网红推荐	28%
日益高涨的文化自豪感	30%
拥有更高的性价比	49%

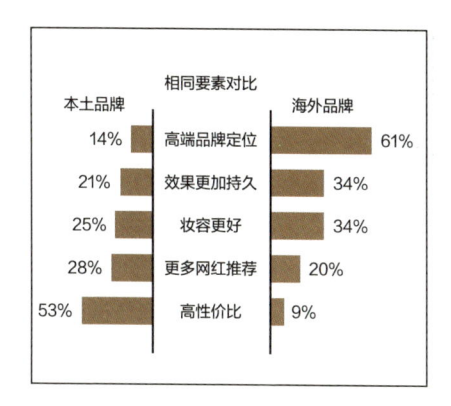

	相同要素对比	
本土品牌		海外品牌
14%	高端品牌定位	61%
21%	效果更加持久	34%
25%	妆容更好	34%
28%	更多网红推荐	20%
53%	高性价比	9%

图 5-8　描绘品牌用户画像的关键要素

- 性别

- 年龄

- 收入

- 城市等级

- 生活方式

价值营销
Value Marketing

- 信息渠道

- 消费和购买习惯

- 对产品的偏好度

> 品牌通过将'用户'、'内容'和'产品'三者深度结合,制定品牌营销路径,能够实现品牌**声量与销量的双增长**。

价值营销
Value Marketing

SECTION 2

第二节
在趋势中看需求：依靠品牌发展

近年来，在社交平台的真实内容趋势分析中，我们可以看到越来越多的专为女性设计的产品的诞生，同时也发现女性用户对生活用品的需求变迁："她视角"更细分、"她需求"更精准、"她选择"更多样。"悦己精致"体现得淋漓尽致，品牌方针对不同维度的"她"趋势，应以"悦己悦心"的目标为女性用户提供更好的产品。

有的商家称小红书平台为"未来趋势的聚合地"，在这里，人们往往能够感受到很多新风潮，能帮助不同生命周期的品牌获得成长。在社交平台做营销的关键词有以下三个。

人群：先建立核心人群口碑，再逐步扩散找到更多对产品感兴趣的广泛人群，最终形成品牌的种子用户。

场景：通过多元化的场景为品牌和用户的沟通架起桥梁。

趋势：一个趋势的兴起，背后带动的可能是一个类目的向上增长。在市场细分的情况下，品牌借势或与平台一起造势，或可重新造出一个品类。

一个新品牌准备切入红海赛道，切细分、打精准，也许是在市场站稳的更优选择：一个品牌看到了小品类的蓝海机会，如果提前布局蓝海赛道，就更有机会"吃到"品牌快速成长和用户快速涌入的红利。这也是内容带给品牌的更大机会和资产。因此，很多品牌更加关注内容营销给自身带来的品牌价值。

"种草"不是一厢情愿，而是"双向奔赴"

大众的喜爱，小众的偏爱，社交媒体上的"种草"，不论是"大众"还是"小众"，都值得被看到。我们通常认

价值营销
Value Marketing

为,"种草"是一种单向的行为,即"达人给粉丝'种草'",实则不然。"种草"讲究"润物细无声",它的基础在于达人和粉丝之间构建的信任关系,而在良性的信任关系中,达人和粉丝之间更多的是一种"双向奔赴"的关系。

也就是说,达人的"种草"是在充分了解其粉丝喜好的基础上进行的,而且关注同一个达人的粉丝,在用户画像上必然有相似之处,所以当一个粉丝发现了好物,分享给达人后,是可以通过达人将信息传递给更多粉丝的,随即也可实现"粉丝—达人—粉丝"的"种草"路径。

在直播赛道极度拥挤的今天,董洁虽然是明星但也没有绝对优势。她在小红书"董生活"直播间和粉丝"双向奔赴",挖掘了很多小众品牌,甚至是大家都没有听过的产品。她先自己试用,然后再给大家"种草"。同时,她懂得如何缓缓释放信息。看多了大吼大叫的直播间,消费者看到董洁的直播,会有一种松弛感,这也让粉丝对每次直播都抱有期待。董洁也积极收集用户反馈,粉丝的推荐也是她"种草"逻辑中必不可少的一环。

好产品的双向奔赴

选品的能力是经过千百次尝试后才能实现提升的。

作为懂生活的女性代表，董洁直播间首播就可以拿下直播销售排名第一名，这和她背后的努力是分不开的。她努力从各种渠道挖掘容易买到又有特色的产品，比如分享每个女生都离不开的红糖。

云耕物作在红糖界的名声已经很响亮了，在天猫已经是该品类的冠军。我和云耕物作的合作，源于乡村的公益项目。直到现在，云耕物作依然坚持做乡村振兴。如此被认可的产品，董洁也因为粉丝的推荐，关注到这个高端红糖品牌，提前做好调研，研究成分，测试产品（图5-9）。

"想给别人'种草'，首先要认可产品。好产品要先试用，现身说法更有说服力。"董洁每次直播前都会准备厚厚的材料，也说明了这点。

图 5-9 红糖品牌云耕物作

与粉丝建立信任关系后,"种草"的过程就不仅是达人单向对粉丝输出内容了,而是达人、粉丝、品牌三方互动的过程。红糖品类的增长效果能在小红书平台被进一步放大,品牌方一定也下了不少功夫。

从这个角度来看,明星达人和粉丝也没什么不同。大家都是消费者,双向"种草"收获双倍快乐。在互相信任的基础上,"种草"的动机是分享,是双向奔赴的信任感。这时候,品牌方更需要用富有创意的方式证明自己的产品值得被购买,让用户在购买和使用后,再次被"种草"。

直播战报频频传来,也让更多人知道了品牌故事

第五章
探索用户兴趣,创造优质内容

和品牌主理人的故事。这样的推广让销量和传播双丰收（图 5-10）。

图 5-10 直播战报

从 0 到 1 的新品牌在小红书平台上如何快速抢占流量和风口？

其他平台销量已达品类前列，如何在小红书平台上双向"种草"？

（1）可以借助小红书的人群定向能力，定向沟通、破圈，快速抢占流量风口。对于成熟类目的产品，用户会直接搜索相关品牌。例如知名国际品牌，品牌的检索量通常会更多。然而，对于一些细分小类目，用户决策行为尚处于混沌期，品类检索量远大于产品词检索量。所以，针对不同品牌的不同生命周期情况，可以有针对性地借助小红书的人群定向能力抢占流量风口。值得注意的是，那些国际品牌尚未深入抢占市场，而搜索数据高增长的赛道，将会成为国内新锐品牌弯道超车的机会。

（2）已经相对成熟的品牌可以通过小红书拓展、渗透更广的用户群。在相应类目已经有**很多品牌夯实了品类功效的定位，并以此为基础开拓产品线。同时，品牌可以利用定向能力，主动向潜力用户推荐相关类目和产品，实现品牌"种草"**。

> '种草'讲究'润物细无声'。

第六章
CHAPTER 6

借势营销——"没事找事"才会有故事

第六章
借势营销——"没事找事"才会有故事

SECTION 1

第一节
借势无边界

前段时间,我在茶室与朋友们喝茶,虽然朋友们来自不同行业,但多数偏爱岩茶。有朋友问:"为什么大红袍名字中有个'红'字呢?"实际上,大红袍的名字是"借势营销"的典型案例。

关于大红袍的传说故事有多个版本,传播较广的一个如下:有一个书生赴考途中生病,喝了"岩茶之王"后,书生痊愈,之后还考取了状元。回程中,状元再到该处品茶并赞不绝口,随后将自己的状元服脱下来,恭敬地盖在茶树上,因此,茶树得名"大红袍"。

这个传说故事增添了大红袍的神秘色彩和文化内涵，也使得大红袍在中国茶文化中有了更深远的影响。大红袍传说故事中的状元元素也成为借势营销的一个有趣话题和切入点。

现在，大红袍仍是中国岩茶的代表，它的故事就是借势营销的体现！

什么是借势营销

借势营销，就是将营销目标隐藏于一场活动或者事件当中，将产品的推广融入消费者喜闻乐见的环境中，使得消费者在日常环境中了解产品并且接受产品的营销手段。

很多品牌之所以喜欢借势营销，是因为通过借势营销可以实现小投入大回报，达到四两拨千斤的效果。

最为常见的借势营销方式是借助节日进行营销。大部分商家都有"节日营销日历"，重大节日也是消费者最为活跃的时刻，商家可以顺势推出折扣活动或者针对性的新品。

在春节、端午、中秋这三个重大节日期间,社交平台的相关话题量和浏览量都特别大。现在,不仅传统节日,连二十四节气也被用来借势,比如:春饼、面条、饺子都和二十节气有关联,也会被商家作为营销手段。比如,头伏的饺子、二伏的面,因此,如何"借"出新意,让消费者买单,就很考验商家内容营销的底层能力了。

作为商家,节日期间不仅要找到与客户产生共鸣的话题点,还要说出客户想说的话,相关内容还要确保适合传播、转发、讨论。内容要跟商家的主营产品相匹配,同时做好营销转化的布局。需要计算出借势营销中投入和实际的转化,并且做好相应的营销准备。很多有民族特色的品牌还应借助具有地方特色的节日。地方节日往往在各大平台都具有较大流量,并且有着很大的话题性。

借高阶之势:谁还不是个娘娘

常喝大红袍的我总会想,早些年没有新媒体,喝茶这件事是怎么做传播的?如果有一个跟皇家有关的故事,那营销就显得事半功倍,因此,借皇家之势就借得很到位。

对于初创品牌，或者小品牌而言，跟高出自身品牌很多的著名人物或者品牌借势，能够快速在用户心中建立认知。

如果与用户心中已经认可的品牌或者IP做对比，那你的品牌形象也会被认可。比如，近几年的农产品文案，喜欢用"石榴中的雅诗兰黛""凤梨中的爱马仕""苹果中的香奈儿"，等等。不难看出，商家希望将常见水果借助奢侈品的势出圈。

今年的国潮热，"本宫""奉旨进宫""娘娘的下午茶"都是小红书上的热议话题，很多商家借"皇家"之势。比如故宫旁的万春金福下午茶咖啡厅，其设计的产品主题为：娘娘的下午茶。消费者一度需要排队一两个小时等位，该店每天接待量限定为300桌，火爆程度可想而知。

紧跟两年国潮热的城市，西安榜上有名，一座被誉为"大唐不夜城"的城市，满街都是汉服装扮的年轻人。如果要做一款跟"颜值"相关的产品，该怎么借势？

第六章
借势营销——"没事找事"才会有故事

案例 带着"公主"游大唐

现在女生洗脸已经不用毛巾了，棉柔巾已经逐渐变成了"随身之物"，而且用途越来越广。我们可以看到，西安大街小巷都是穿着汉服的年轻人，且每个人都喜欢"唐风"。湿巾纸品牌住邦看准机会，借着这一波"唐风"，做了一系列"唐风"包装的产品（图6-1）。不仅如此，住邦还发起了"带着邦邦打卡大唐"的活动。

图6-1 "唐风"包装

用户很难一下子就感受到棉柔纸巾的产品质量，就算质量非常好，也很难激发用户的分享欲。但当用户看到这充满唐韵的包装，其感受就完全不一样了。让用户带着印有大唐诗句的产品去景点打卡，再分享这些"气质华"的内容，品牌宣传水到渠成（图6-2）。在与品牌负责人一起跟进用户分享数据时，我们发现喜欢汉服的用户分享此产品的频次比其他用户高40%~50%。此次营销活动有效地借助了文化之势。

图6-2　借助文化之势的案例展示

> 面巾纸本不是一款传统产品，但利用文化的热点重新包装，让产品自身有了更有趣的表达，也借"大唐"的流量成了年轻人追逐颜值的产品，让"每天见的产品"有了值得分享的内容。这波借势营销，你打几分？

借客户之势：把客户作为传播点

当全民自媒体时代来临，对商家而言，客户就是最好的传播渠道，如果遇到重点客户，如明星、博主等到店就更要借势。我们需要打磨一套借客户来营销的方法。

（1）把客户发展为传播者，客户打卡、收藏、分享就可以获得相应的奖励。

（2）把客户发展为分销者，邀请客户成为代言人。此外，还可以让其邀请好友消费，从而获得佣金。

（3）收集客户的反馈并关注重点客户，将其内容做成官方内容传播。

在流量为王的时代，借客户之势就等于拥有了一个大的流量池。更好地把客户当成流量来源，同时守住品牌流量很重要。我们经常可以看到"某某同款"的说法成为超级搜索标签。

> **案例　一坐一忘的私宴变中外社交**
>
> 喜欢吃云南菜的人都不会对"菌子季"感到陌生，一年里总要吃几次菌子。一般情况下，每年的雨季，就有人进山寻找菌子，而2023年热度居高不下的话题都与"见手青"有关（图6-3）。各大平台围绕见手青的话题比比皆是，见手青相关话题的浏览量超过了1个亿。在网络上的传播内容越有争议、越有话题性，就越有流量，各个平台上有很多相关内容冲上热搜和热榜（图6-4）。

第六章
借势营销——"没事找事"才会有故事

小红书"见手青"相关笔记	大众点评"见手青"相关内容
见手青　　　　1万+篇笔记	见手青　　　　约58451个结果
见手青　　　　400+件商品	见手青一坐一忘　约222个结果
见手青做法	见手青炒饭　　　约321个结果
见手青中毒症状	见手青火锅　　　约438个结果
见手青图片	见手青黄焖鸡　　约167个结果
见手青和牛肝菌是同一种吗	见手青三里屯　　约142个结果
见手青中毒多久会出现症状	见手青小人跳舞什么样的　约112个结果
见手青文案	见手青刺身　　　约292个结果
见手青幻觉	见手青炒菜　　　约367个结果
见手青中毒	见手青多少钱　　约126个结果
见手青多少钱一斤	见手青披萨　　　约42个结果
见手青怎么处理	鲜见手青　　　　约224个结果
见手青怎么储存	爆炒见手青　　　约216个结果
见手青品种	新鲜见手青　　　约571个结果
见手青有毒吗	三里屯云南菜见手青　约214个结果
见手青煮多久	凉拌见手青　　　约164个结果
	北京见手青　　　约466个结果

图6-3　各平台关于"见手青"的热门话题

本来很多餐厅每年菌子季一定有活动，但由于见手青热度居高不下，菌子的价格也水涨船高，于是很多云南餐厅不愿意卖见手青。但一坐一忘餐厅作为云南菜餐厅，看到居高不下的菌子价格，依然坚持上线菌子套餐，并将菌子作为餐厅"引流产品"。

价值营销
Value Marketing

图6-4 "见手青"相关网文

普通客人想要试试见手青菜肴的热情从未衰减。连来华的美国财政部部长珍妮特·耶伦（Janet L.Yellen），也在一坐一忘餐厅定了一桌，并一口气吃了4盘见手青，可见这见手青已经"红到发紫"。美国财政部部长吃中国的见手青，这一幕刚好被同在餐厅的食客通过自媒体分享到社交平台上，没想到推文一口气冲到了热搜榜单前三，又将这一波热度再推了一层，只是不同的是，这一次话题提到了"一坐一忘"餐厅，吸引了很多消费者前来排队打卡。

有话题、有流量，一坐一忘餐厅配合热度出品了"财神套餐"（图6-5），且有更多客人下定决心要一口气尝试全部套餐，一度弄得"见手青"的市场价格进一步波动。一坐一忘餐厅不断调整，不断推出新的活动，成功将更多的流量锁定。这一举动，还被美国有线电视新闻网（CNN）报道，并称为"菌子社交"（图6-6）。

图 6-5　一坐一忘餐厅菜单

图 6-6　CNN 报道

这条"菌子宴"新闻被国外媒体大量转发之后，美国大使馆工作人员特别到一坐一忘餐厅，要了一份"财神套餐"的餐单留作纪念。或许本身这一场耶伦的私宴纯属个人喜好，她一口气吃了四盘，可见她是见手青的真实粉丝，也是一坐一忘餐厅的客户。但这一次借势营销，不仅让"见手青"有了很大的话题流量，还成就了"菌子社交"，同时，一坐一忘餐厅也将流量稳稳接住了（图6-7）。

北京热搜	
七夕美食红包限时领	
1 一坐一忘云南菜	86501 ↑
2 惠灵顿牛排	82939 ↑
3 seesaw咖啡	80946 ↑
4 官也街	78318
5 芳园里mall美食	76888 ↑
6 面包与黄油	73365 ↑
7 莱德拉巧克力	71157 ↑
8 海南粉	70843 ↑
9 建国饭店自助餐	67800 ↑

图 6-7 商家登上热门话题榜单

有话题、有流量，如何接得住？这很考验品牌

> 经营者，既需要对话题有捕捉能力，又要有能力将其转化成自己的订单，这就需要每一步都有设计，并且拥有敢于面对负面影响的勇气。如《孙子兵法》中说："将者，智、信、仁、勇、严也。"商场如战场，面对借势，勇气就显得更加重要。
>
> 　　一坐一忘餐厅的事件还在持续发酵，并且带动了整个菌子的交易。在2023年菌子季，云南采购菌子量大涨，直接带动了云南乡村经济和农民的收入。品牌的价值不仅是有利于自身的，也会给食材的供应源头带来价值。这才是品牌建设的意义！

"碰瓷式"借势：想方设法蹭大品牌流量

　　我总被问：一个商圈的商家到底是竞争对手还是友商？

　　如果我是本土化品牌，想要增加曝光量、让消费者熟知，可以"碰瓷"吗？"碰瓷"这件事，可以像老乡鸡学习，它就是"课代表"。老乡鸡品牌在社交媒体上一直表现平平，但突然有一天，老乡鸡店的一名服务员在星巴克门店喝咖啡的时候，不小心咖啡洒了一地。偶然间，这位店员在社交媒体上发了一张现场照片并配上"道歉信"，引来了巨大的关注度（图6-8）。

当老乡鸡收到了星巴克的官方问候时，热度一度被推向高潮。此外，星巴克在回复时，用到了"周一忙day""自鸡一下"的谐音梗。看似关心，实则调动了年轻人的周一情绪，又把热度进一步推高。于是，这个"碰瓷"就有了"后续剧情"。

用"八卦"推动故事发展

咖啡洒了一地的场景，像极了偶像剧中的男女主角经常发生的"故事性"桥段。后来，老乡鸡品牌还夸赞星巴克店员小姐姐可爱，可见老乡鸡品牌是懂建立"人设"的。之后，两方还设计了适合八卦的剧情。如此日常又有创意的表达，确实很容易让客户喜欢和参与互动。

价值营销
Value Marketing

图 6-8 老乡鸡"碰瓷"星巴克

碰瓷碰出"CP 感"

老乡鸡和星巴卡的这次"碰瓷"借势，带来了超过 1.5

万次的点赞和评论。品牌的剧情设计和社会化表达，让这场看似不经意的"事故"充满了话题性和趣味性。这是借势营销的高阶玩法，对品牌来说，这能超出邻里关系，"炒"出"CP感"（情侣感），让客户有"看热闹"的心态并追着剧情发展，更容易让客户对于品牌产生亲切感。

"碰瓷"出"CP感"不同于品牌生硬地传递概念，它让用户自然而然地产生积极的心理感受。老乡鸡的员工弄洒咖啡，星巴克品牌的关注，实现了品牌之间的巧妙互动，在加深品牌在消费者心中的具象化印象之余，建立了品牌与目标受众的关系联想，从而达到了提升品牌资产价值并触发赢利转化的效果。

老乡鸡和星巴克品牌有着相近的商标颜色，一个本土品牌和一个国际品牌"做邻居"，难免被做比较。老乡鸡的名字确实很本土化，是从食材中提取的关键词，此类品牌要想在社交平台"碰瓷"（借势营销），主要有两个要点：

（1）一定要找比自己做得规模更大、名气更响的品牌"碰瓷"。

（2）凸显自身的优势，真实地表达。

让消费者看到两个品牌实力悬殊、差距大，或者压根无法联系到一起，处于劣势的品牌——"碰瓷"，让消费者在看热闹的同时，也会不自觉地把两个品牌联系在一起，使两个品牌成了"对手关系"。在这样的摩擦过程中，消费者建立了品牌联想，也就慢慢地将老乡鸡品牌放在了星巴克品牌的对手席上。

小结

借势营销不是蹭热点，也不是跟着别的品牌后面跑，借势营销需要品牌方了解自身的优势所在，清楚地知道自己的特色，然后通过借势营销提升自己的势能。

（1）发挥自身优势：优势＋势能。

（2）一定要有新意：形式的新意＋内容的新意＋玩法的新意。

（3）内容要有反差：通过借势打破人们固有的认知才是最好的。

借势营销要借助平台的力量，借助热点，借助话题的传播。品牌可以通过借势营销为适合自己发展的方向留存流量。通过借助不同的势能为自身的品牌赋能，继而不断提升品牌价值，让流量涌向自己。同时，做好价值转化，吸引更多客户的关注。

价值营销
Value Marketing

SECTION 2

第二节
借品牌内容之势

公众号大变化

2023 年年初，微信再次改版，公众号的推送规则发生了很大的变化。举个例子，未被用户星标的公众号无法展示完整的推文封面，并且公众号的发布时间也会被随机打乱。

这对做公众号的企业来说，意味着并不是所有关注公众号的用户都可以收到完整的推文信息。正因如此，很多公众号文章的阅读率下滑得厉害。

企业还要不要做公众号

我们先看一组品牌官方公布的数据。

餐饮品牌肯德基，2022年在微信公众号、小程序积累了超过3亿的会员，2023年在超过7900家门店开展企业微信社群运营。

茶饮品牌奈雪，2021年微信公众号注册会员数量达到约4330万人，较2020年的2790万人，增幅约达55%。与此同时，2021年奈雪的会员复购率达到35%，较前一年有所提升。

零售品牌名创优品，2022年私域用户数超1500万，官方微信公众号、小程序月活跃用户数超780万，会员消费频次相比非会员提升近1.5倍。

……

通过这些数据，我们可以发现什么？

因为品牌店铺的线下会员注册大多是通过品牌公众号完成的，所以用户在注册会员的同时，也关注了企业公众号。随着会员数量的激增，这些企业公众号的粉丝量也稳步增长。因此，只要你线下有源源不断的新用户、新会员，公众号就有必要做下去。

公众号的整个用户行为流程如图6-9所示：线下消费—注册会员—关注公众号—引导复购—品牌推新—线下消费，如此循环往复。

图 6-9　用户行为流程

当企业孵化了旗下新品牌，还可以利用公众号用户为新品牌导流。比如，火锅品牌凑凑火锅，就为集团公司旗下的新烧烤品牌"趁烧"导流用户。在趁烧开业初期，凑凑火锅的公众号为注册会员提供"趁烧"五折优惠券，活动效果非常好，具体如图 6-10 所示。

图 6-10 "趁烧"五折优惠券活动

看完数据我们分析一下企业公众号开通与否的优劣势（表 6-1）。

表 6-1 企业公众号开通与否的优劣势

	优势	劣势
开通公众号	引导线下消费关注公众号，成为注册会员； 增强用户对品牌的了解； 传递更多产品信息增加复购	公众号内容输出带来较大工作量； 根据用户数量，需要匹配相应的客服人员

续表

	优势	劣势
不开通公众号	不用新增公众号内容创作岗位；不用设置微信客服岗位；避免消费带来的负面评论	无法留存新用户；没有长期关注的流量；无法统计用户的复购率

我们可以发现，公众号还是需要开通，而且还要高质量地开通下去。通过公众号注册使客户成为会员，而接下来的考验在于品牌公众号的运营情况。

要将用户短暂的关注变成长期的喜爱，几乎是所有企业运营公众号的重点。企业公众号要想吸引用户的长期关注，必须将公众号做成自身品牌的"护城河"。

使公众号成为"护城河"的三大方法

1. 公众号要有自己的风格

公众号的风格必须是自身品牌的视觉提炼，并且需要沿用一套贯穿始终的整体色调和风格。

第六章
借势营销——"没事找事"才会有故事

以咖啡品牌三顿半为例，三顿半成立于 2015 年，在 2019 年开始逐渐被用户所熟知。作为一个新兴咖啡品牌，三顿半主打便捷的速溶咖啡，以其颜色鲜明的小罐包装赢得年轻用户的喜爱，如图 6-11 所示。

图 6-11 三顿半咖啡

三顿半在许多用户的印象里，一直是前沿生活方式的代表，所以，这样快消品的公众号就要表现出高级感，并且突出个性。

三顿半公众号的设计延续了产品的视觉风格。推文是白色的背景，结合了产品主视觉图片，整体打造出清新、简约的杂志风。在内容上，三顿半也延续了产品的简约风。三顿半公众号不仅是其品牌审美的展示，更是年轻生活方式的传递。

这里，我来为大家拆解一下三顿半公众号的模板元素（图6-12）。

三顿半公众号模板	
风格：整体打造简约杂志风	
背景：选用纯白色作为底色	
插图：产品结合使用场景图片	
文字：用产品主色调作为字体颜色	

图6-12 三顿半公众号模板元素拆解

企业公众号想实现更多的用户关注和留存，至少做到以下三点：

（1）要根据品牌自身调性、产品主色调来统一色系，确定一套公众号和企业微信的视觉风格。如果产品包装是红色，那么公众号的整体色调应尽量以红色系为主。

（2）公众号的推文要确定一套通用的模板，包括背景、标题、字体、语言风格的确定。这需要在公众号后台编辑器中设计好，后面直接套用，以免出现偏差。

（3）公众号内容中发布的图片和文字颜色应该尽可能与品牌产品的色调保持一致。这需要对图片做一定的设计和处理。前期拍摄时也尽量参考主色调来布景。文字色号，尤其是小标题、关键词和关键句子，要保持与主色调一致，强化视觉印象。

2. 公众号要像朋友

企业公众号其实可以为用户提供朋友般的咨询与陪伴。

如何做到这一点呢？有以下四点技巧。

（1）**通过公众号深入了解用户**。通过公众号后台数据的统计，我们可以更好地找到用户感兴趣的问题。通过用户画像、用户对话、用户投票、用户评论等，调查和分析用户数据，通过用户咨询深入了解用户的需求和偏好。只有深入了解用户，才能提供他们真正需要的服务，这是和用户做朋友的基础。

（2）**及时回复，建立"朋友"人设**。当一个用户在公众号后台提问或想与客服沟通时，就说明这是一个"有意向"的用户或"忠实"用户，是明显对品牌很感兴趣的。这时我们要做的就是及时回复，用户收到回复的时间越短，就越能感受到我们的真诚和用心，对我们满意度就越高。总之，成为用户陪伴式的朋友，要从做好公众号的每一个细节做起，从而建立信任感。

（3）**知识输出，展示专业性**。企业公众号可以通过知识分享的形式，提供用户所需的行业知识，帮助用户解决实际问题，并展示品牌在行业上的专业性，从而潜移默化

第六章
借势营销——"没事找事"才会有故事

地塑造专业人设。

三顿半的日常推文以温柔的叙事方式,讲述了关于咖啡的点点滴滴,充分展现出品牌对咖啡的专业度(图6-13)。

(a)咖啡品种介绍　　(b)咖啡处理方法　　(c)咖啡评测结果

图6-13　三顿半推文风格

通过其文章可以看出,三顿半公众号俨然一个咖啡"迷妹",一聊咖啡就表达欲极强,疯狂输出大量咖啡专业知识,包括咖啡原产地、风味、处理方式、冲煮方式、评测报

价值营销 Value Marketing

告等。在叙事口吻上，三顿半公众号多用第一人称，仿佛是"一位对咖啡很有想法的朋友"，丝毫不让用户感觉枯燥。

三顿半的做法值得我们借鉴。通过大量的专业内容输出，让用户在专业知识上得到收获，同时让用户增加对品牌的信任感。

（4）用户共创，提升互动。企业公众号可以发起话题、发布活动、增加品牌与用户之间的互动和交流、增加用户的归属感和忠诚度，实现像朋友一样的互相陪伴。

企业可以与用户互动，共创内容，记录用户与产品的互动，也可以征集用户的日常，让用户参与到公众号的内容撰写当中，并且评选优秀的用户"作品"。将单一输出变成双向互动，这样做不仅丰富了公众号内容，更提升了内容的互动性。

三顿半公众号也会采用年轻用户喜欢的表达方式，发布活动预告、玩法等信息，增加用户的互动和黏性，在增加用户新鲜感的同时，秀出品牌的创意"肌肉"（图6-14）。

第六章
借势营销——"没事找事"才会有故事

（a）三顿半的父亲节征稿

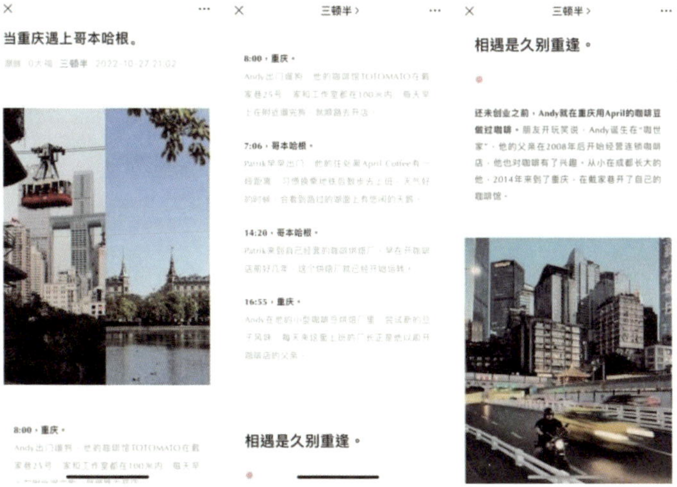

（b）三顿半的用户故事

图 6-14　三顿半采用年轻用户喜欢的表达方式

203

三顿半将公众号设计成用户的"朋友"人设，打造出热爱咖啡、注重生活、充满魅力且用户想要靠近的朋友形象。通过三顿半的案例我们得到了启发，即企业公众号要成为用户的"朋友"要做到以下四点：

- 深入了解用户，尽可能通过公众号收集用户信息和数据。

- 要及时反馈用户，从细节上提高用户对品牌的满意度。

- 通过公众号文章进行行业相关知识的输出，以某种人格化的叙事方式，展现品牌在行业内的专业性。

- 通过策划公众号活动，提高用户参与度，吸引用户共创内容，增加用户的互动与黏性。

3. 公众号变现利器：微信小程序

企业公众号最重要的两个功能是新品介绍和活动信息，

这两个功能都是给用户带来"内容+福利"的。用户通过企业的公众号了解产品，品牌方用"福利"的方式刺激用户购买，而"福利"的送出，需要小程序。

在搭建企业公众号时需要考虑是否内嵌企业的微信小程序。微信小程序是将线上线下结合的有效工具，更多的用户可以通过小程序快速完成购买动作。一部分企业开发自身小程序，是为了对企业 APP 进行轻便化改造。微信小程序具有"无须安装，无处不在，触手可及，用完就走"的特点。可见，微信小程序的开发不仅满足了线下场景的需求，也满足线上流量转化的需求。

企业怎样才能用好微信小程序呢？

1. 增加线上线下互动

微信小程序结合公众号可以帮助企业品牌更好地将内容传递给用户，提高跟用户的互动频次，从而将线上内容和线下场景结合。企业也可以通过小程序的内容输出，引导用户成为会员并且关注企业公众号。企业可以通过小程序和公众号的结合,实现线上线下互相导流。

例如,新用户在餐厅扫二维码,使用小程序下单(商家通过线下场景引导新用户关注公众号)、结账等。

2. 提升"薅羊毛"好评度

因为微信小程序基于用户体验,所以在设计小程序时需要注重用户的感受和需求。那么,在微信小程序中加入怎样的福利才是有效的营销策略呢?

"薅羊毛"是最常见的吸引用户参与的方式。但要注意的是,活动要真实、有效才能确保吸引用户。此外,确保操作不会给用户增加过大的负担,也能赢得用户更多的传播和好评。例如,咖啡品牌的新用户首次用小程序消费可以享受"买一送一"的优惠,用户使用小程序点单既可享受新用户福利,又能满足用户请客需求。

企业公众号推送的内容要尽可能添加小程序的二维码,小程序的活动和公众号内容也需要相互呼应。企业可以在小程序中推出免费试用、折扣福利、积分兑换、会员专属等活动,吸引购买和分享,并进一步增加品牌曝光和流量。另外,我们还要重视会员专属权益设计,让用户感受到会员身份的认同,这样,品牌微信小程序的流量才可以得到更好地转化和留存。

举个例子,三顿半的公众号中包含小程序入口,并且小程序的名字延续了品牌风格,叫"隐藏世界"。利用超现实主义的名称,三顿半将用户喜欢的主题隐藏在小程序里,同时,围绕太空主题对"商品""积分"等现实用语进行了包装,使用户在公众号和小程序里不易"出戏"。用户在购买产品后扫码获得的积分被称作"顿点","顿点"可用来兑换限定版咖啡、随行杯等物品;积攒的三顿半空罐,能在"返航计划"开启后兑换为"能量",然后再以之换"物资"。诸如此类有品牌代入感的名词设计推动了有趣的口碑传播的形成。周边产品基本上线就售罄并且大获好评(图 6–15)。

价值营销
Value Marketing

（a）小程序名称：隐藏世界　　（b）小程序购买页面　　　（c）积分兑换

图 6-15　三顿半活动效果极佳

综上，企业做公众号要达到三个基本点：

- 具备自身风格定位，拥有符合品牌调性的视觉设计。

- 要待用户如朋友，重视专业的咨询和陪伴。

- 设定消费闭环的小程序，和公众号相互助力。

用户需要被留住，更需要在不断的"种草"中了解品牌、了解产品。内容创作是产品和品牌的延伸，品牌不仅要做自己，更要让用户喜欢。因此，企业需要综合考虑自身品牌特点、目标用户、市场环境等因素，选择适合自己的公众号营销策略，并在执行过程中注重公众号的品牌形象和用户体验，只有这样才能真正地实现品牌营销的长期目标。

> 借势营销可以实现**小投入大回报**，达到四两拨千斤的效果。